文系と理系はなぜ分かれたのか

隠岐さや香

星海社

137

SEIKAISHA SHINSHO

はじめに

「海外には日本のような文系・理系の区分はない」と言われることがあります。特に、大学で留学をした人、あるいは外国で暮らし、現地で受験をしたことがある人は、大学受験のシステムや授業が日本ほどかっちりと二つに分かれてはいないことに気づき、そう感じることが多いようです。

たとえばフランスの大学入試試験バカロレアは人文系、経済・社会系、科学系の三つがあります。アメリカの大学では主専攻のほかに副専攻を選べる場合が多く、時には文・理をこえた自由な選択が可能になっています。国際機関の統計でも「人文科学（あるいは人文学）」(Humanities)、「社会科学」(Social science)、「自然科学」(Natural science) と三つ、もしくはそれ以上のカテゴリ分類があります。

また、日本国内でも、大学の教育や研究自体に目を転じると、二つや三つのグループ分けではとらえきれない多様性があります。特に、情報学や環境科学など、二〇世紀末に発展した分野は、従来の文系・理系（あるいは人社・理工医）の区分には収まり切れない特徴を持ちます。

これだけ事例を並べると、ますます「文系」「理系」などという区分は意味がないし、今後はなくなっていくに違いないと感じるかもしれません。

しかし、ことはそう単純でもなさそうです。実は、この数十年を振り返ると、少なくとも英語やフランス語の議論では、学問の諸分野を二つに分けて論じることが増えているのです。とりわけ、大学の教育・研究全般を論じる際には、人文社会（Humanities and Social Sciences、以後HSS）／理工医（Science, Technology and Medicine、以後STEM）と二つにわける表現が、二〇世紀後半以降、よく使われるようになりました（第一章参照）。従って、日本ほどではないにしても、欧米においても二分法はなされていて、一部では定着しているのが現実です。

その一方で、近年、理工系学問と芸術や人文系学問（特に哲学や思想、文学など）の双方が教育やイノベーションに必要という議論が一部で盛んに行われています。たとえば、アメリカ発の標語で「STEMからSTEAMへ」との表現がありますが、これは、STEMだけでなくArts（人文科学）も必要という意味です。要は、両者の分裂が激しくなったことへの危機感から、その溝を少しでも埋めようとの動きがあるのです。この傾向は歓迎すべきことにみえます。

ただ、何であれ問題というものは、そこに至るまでの背景を考えずに、かけ声だけで解決するものではありません。もし、これからのことを考えたいのなら、まずは、既に存在する文系・理系（あるいはＨＳＳとＳＴＥＭ）の分裂が、どのような経緯で生じたのかを、一度、立ち止まって考えてみるべきではないでしょうか。

数百年前の世界には、文系・理系のような区別自体が存在しませんでした。それがだんだん諸分野に細分化されて、今の状況になったのです。その経緯には、自然発生的な「やむを得ず起きた」部分と、人為的な制度によって分化が「行きすぎた」部分との双方があったように思われます。

本書はそのような考えから、まず「文系や理系という区分がどのようにできあがってきたのか」を確認します。欧米と東アジア、特に日本の歴史的事例が対象となります（第一章、第二章）。

次に、「文系・理系という分類が、人びとの人生や社会制度とどのように関わっているか」に着目します。具体的には、就職活動やイノベーションなど、産業との関わりについて語られること（第三章）、および、文系、理系の進路選択にみられる性差など、ジェンダーとの関連で語られることを検証します（第四章）。一旦生じた分類が、それぞれの世界に集まる人の顔ぶれや、資金の流れを大きく変え、その結果、分類の枠組みも再生産されていく様子が伝わると思います。

最後に、文系・理系の境目が揺らいでいる現状について、とりわけ「学際化」とよばれる、分野を横断するような教育・研究の特徴に触れます（第五章）。その上で、改めて「文系」と「理系」の関係とはいかなるものであるべきか考えてみたいと思います。

文系と理系の歴史を同時に扱った本は、著者の知る限り、国外にもほとんどありません。理由は単純で、理系の歴史（「科学技術史」）に比べて、文系の歴史（人文社会科学史）には、まだわかっていないことが多いからです。また、そもそも人間の諸科学、諸分野の歴史はあまりにも広大かつ豊かで、一つの本で、もらさず書ききることは不可能です。

本書は、そのような未開拓の領域を進むにあたり、一つの大まかな見取り図を示すことを目指しています。それは、はなはだ粗い不完全な素描に留まるものでしょう。ですが、少なくとも「文系と理系はなぜ分かれたのか」という問いについて、ある視点を示すものとはなるはずです。

目次

第2章 日本の近代化と文系・理系 79

第3章 産業界と文系・理系 115

第1章

文系と理系はいつどのように分かれたか?

——欧米諸国の場合

中世の大学と学問観

文系と理系という分類はどこまでさかのぼれるのでしょうか？　現代でも、文理選択が問題になるのは大学受験の時ですから、分類の問題を考えるにも、大学の歴史からアプローチしてみるのがわかりやすいでしょう。

現在世界各地にある大学はヨーロッパで生まれました。最初の大学はパリ大学といわれていますが（諸説あり）、できたばかりではまだ制度も整っていませんので、大学がヨーロッパ世界に定着した一二世紀頃の例を見てみます（図1）。上級（専門）学部は、神学、医学、法学の三つでした。その下に下級（学芸）学部というのがありますが、これは今で言うと教養課程のようなものです。文学部や経済学部もありませんが、理工系の学部もありません。

図1　中世以来の大学組織（12世紀〜18世紀）

上級（専門）学部

神学部	法学部	医学部
聖職者	弁護士	医者（主に内科医）
∨	∨	∨
命題集	ローマ法大全	ヒポクラテス／ガレノス

下級（学芸）学部

文法／修辞学／論理学及び弁証術／算術／幾何学／音楽／天文学
（自由学芸七科）

古典「講読」と「議論」、理学部、工学部はない

中世の大学組織の始まりですが、教会以外の場所でアリストテレスなどの哲学的文献を解読し、学ぼうとした人々が結成した組合組織を起源としています。いわゆる「一二世紀ルネサンス」と呼ばれる状況の中、西洋世界では一旦忘れられ、中世のイスラム世界に伝わっていた古代ギリシア、ローマの知識が、活発化した商業活動を通じヨーロッパに再輸入されつつあったのです。その意味で、人文系の歴史は大学の歴史を代表するものだと考える人々もいます。ただし、後で触れるように、この頃から今と同様に人文系の諸学門があったと考えるのは正確ではありません。

当時、大学に通っていたのは基本的に男性ばかりです。極端に地位が低かったり高かったりする層を除き、一五世紀頃になると貴族と平民の比較的広い層が通っていました。一番多かったのは下級学部だけを出て公証人や書記といった行政・司法の実務に就く人々ですが、上級学部を修了すれば、医者や弁護士、聖職者などの専門業に就けました。[*1]

文系・理系という分け方はまだ存在していませんでした。今日の感覚からすると、医者は理系と思ってしまうかもしれませんが、当時の医者は今とだいぶ異なっています。大学で養成されていたのは基本的に内科医でした。外科医はといえば社会的な地位がとても低く、職人階層と同様に徒弟制で養成されていたからです。そして、内科医が大学で習得する知識は古代ギリシア、ローマにおいて医学の古典とされたガレノスやヒポクラテス、ならびに万学の祖といわれるアリストテレスの書物でした。これらの古典はいずれも人体を体液や体質といった定性的な状態のバランスで理解することを中心としていましたから、人体解剖など外科的な内容は習得しません。そもそも身体に触る仕事は卑しい身分の者に限られていたのです。そして、恐らくここが大事ですが、ガレノスやヒポクラテスを理解するのには、当時の学術言語であったラテン語は必要でしたが、数学はそこまで重要ではありませんでした。

もちろん、当時の人々が数学を全く学ばなかったわけではありません。教養課程である下級学部で何が教えられていたかを見てみましょう。教えられていた科目は文法、論理学、修辞学、天文学、幾何学、算術、音楽の七科目で、これを自由学芸七科といいます。このうち言葉に関する最初の三つを三学（トリウィウム）、数学的な後四者を四科（クワドリウィウム）と呼んだりしました。

これらの知識は、古くは古代ギリシアにおける自由市民（奴隷ではなく自由な身分で政治や軍事に携わる人）の教育に由来しますが、中世ヨーロッパにおいては男子の修道院で教えられた知識でもあります。修道士は学識がなくてはいけませんし、音楽も宗教儀礼には欠かせません。また、礼拝の時間や、春分、夏至といった天体現象に左右される祝祭日を定めるために、天文学や幾何学が必要でした。それが中世になり大学ができると、公的な職務に就く男性のための教育として定着したのです。

ただし、それ以外のこととなると、数学はさほど役立ってはおらず、期待もされていませんでした。そして中世の人々は古代ギリシアの水準を超えて学問が発展していくとも思っていませんでした。このような考え方の背景には、歴史的な要因と、当時の人々が重視したアリストテレスの学問観双方の影響があります。

まず、中世ヨーロッパの人々には、古代の輝かしい学問や芸術が政治的混乱によって忘れられ、文明が衰退したあとの時代を生きているという感覚がありました。この感覚は史実に基づいていましたが、キリスト教徒であった彼らは、聖書が現世を古代の黄金時代からの堕落として描いていたことにも影響を受けていたといわれます。

次に、この頃の大学ではアリストテレスの考えに従い、自然現象は複雑すぎて数学では記述できないとの理解が主流でした。具体的に言うと、光の屈折や天体の運動など一部の自然現象は例外的に数学で扱うことができるが、その他大半の自然現象、たとえば物体の運動や化学的反応、そして生命現象といったものは数学では充分に表せないとみなされていたのです。[*2]

これにはまず、光や天体など天界にある「永遠不滅」の対象と、地上における自然現象などの変化しうる対象とを区別して考えるアリストテレスの独特な自然観が影響しています。数学は前者にのみ適用可能と彼は考えたのでした。しかしそれに加えて、当時の数学が基本的に幾何学と算術とに分かれていて、複雑な現象の記述に適さなかったという事情もあります（たとえば中学校で習う図形の証明や比例問題と四則演算だけで何ができるかを考えてみて下さい）。

中世の大学に話を戻しましょう。この時代は身分制社会でもあります。大学の自由学芸七科と対比されるのは、「機械学芸七科」と呼ばれた技術的な分野ですが、これは公務に就くような男性とは違う身分の人々に必要な内容とされました。時代ごとに、何をその中に含めるかはかなり移り変わるのですが、たとえば九世紀のエリウゲナは、織物技術、農業、建築術、武術、商業、料理、冶金術など幅広い領域をあげています。身分の高い人はやらなくてもよい生活や商工業のための手作業が含まれているのがわかるでしょう。[*3]

当時の人々は学問の間にヒエラルキーを設けてもいました。大学の上級学部であり、権威のある専門職業に直結した神学、法学、医学は重視され、哲学や自由七科の重要性はその下に位置付けられました。そして、数学はといえば、一部が商業や「機械学芸」に関わると見なされ、やや低い扱いを受けもしたのです。

このように、中世のヨーロッパにあったのは文系や理系という区分ではなく、分野ごとのヒエラルキーでした。そして、身分の違いにより何を学ぶべきかが違っていました。その違いの上に大学も作られていたのです。

当時の大学には理工系の学部がなかったのに加えて、文学部や経済学も存在しませんでした。それだけではなく、そもそも学問のために同時代の外国語を学ぶ必要性も認識されていませんでした。中世のヨーロッパにおける学問の言語はラテン語です（ごく稀に他の古代の書物を読むために古代ギリシア語やアラビア語に通じた人がいましたが、それは少数派でした）。「文法」といえば当時は主にラテン語の文法のことを意味したくらいです。大学はラテン語文法をしっかり習得し、古代の文献読解を行い、ラテン語で作文や討論ができるようになるための場所でした。それに対し、同時代の人々が話す言葉は、どこの言葉であっても「俗語」（vernacular）と呼ばれ、民衆も使ういやしい言葉で、学問のため学ぶに値しないとみなされていました。ただし、全く俗語の外国語が必要なかったわけではなく、王侯貴族は必要に応じて家庭教師を付け習得していたようです。[*4]

「理系」の黎明期とアカデミーの誕生、そして衰退（一七～一八世紀末）

先に理工系の学部に関する歴史について述べます。西洋における自然科学の本格的な発展は一七世紀からだといわれていますが、大学に理工系学部が定着するのはなんと一九世紀のことです。二〇〇年以上の時間が必要となりました。なぜそこまで時間がかかったのか、科学の歴史も交えながら、順を追って述べたいと思います。

❶「新しい科学」――世界像の数学化と観測・実験器具の使用

中世が終わり、ルネサンスと呼ばれる時期になると、少しずつ、大学で採用されていたアリストテレス主義の体系を揺るがす発見が増えていきます。たとえば、アリストテレスの考えでは、全ての天体は太陽も含めて地球の周りを回る天動説が支持されていましたが、一六世紀の中頃にコペルニクスが『天球回転論』（一五四三）で地動説を唱えました。一七世紀には、ガリレオ・ガリレイが望遠鏡で月のクレーターの存在など様々な発見を行い、自然観察と数学的計算に基づいて地動説や落体の法則を証明しようとしました。

彼の時代が自然科学にもたらした二つの大きな変化があります。一つは、自然を理解するために、ありのままの状況よりも実験を重視し、人間の五感よりも、望遠鏡など技術がもたらす情報を信頼したことです。

当たり前のことじゃないかと感じるかもしれませんが、当時はそうではありませんでした。大学の主流であったアリストテレス主義では、「実験のような不自然な状況で、自然は同じように振る舞わないのではないか」と考えられていたからです。また「人間の技術は神の創った自然に叶わない」との発想がありましたので、神が創った目という感覚器官を超えたものを技術で補強する必要性を人々は感じていなかったのです。[*5]

二つ目は、数学により、自然をよりよく理解できるとの考えが本格的に広まったことです。ガリレオは自著で「この最も巨大な書（すなわち、宇宙）は［中略］数学の言語で書かれている」[*6]と述べました。これは新しい考え方でした。「数学を共通言語とする理工系」の思想的な起源を考える上で、ガリレオは重要な人物なのです。

ガリレオが数学の重要性を訴えたのは、アリストテレス的な学問観において、数学的に記述できる現象（天文学など）と、そうではない現象（自然学など）とに、分けて理解されていた自然を、一つのものとして捉えたい気持ちがあったからだといわれます。また、人間が自然を見てそのまま心に浮かぶことではなく、数学というフィルターを通して考えようということですから、第一の変化の内容とつながる部分もあります。[*7]

ただ、この時点ではまだ、当事者たちに「数学を不可欠とする自然科学」という概念はありません。ガリレオの姿勢に共鳴した人々は、数学による普遍的な学問が可能だとの議論を行いましたが、一七世紀の時点ではその見解も共有されるには至りませんでした。植物や動物の分類や、化学現象など、より複雑な自然現象に関心を持つ人々を説得できなかったからです。

❷自然科学的探求を教わる場、行う場

教育における数学の重要性を主張し、特にそれまで大学では教えられていなかった代数学（現代では方程式でおなじみ）を教えることに熱心であったのは、意外なことにキリスト教カトリックの修道会であるイエズス会の学校でした。日本で有名なフランシスコ・ザビエルなど、東洋に訪れた宣教師の多くが所属した組織です。

イエズス会の修道士たちは、布教をするだけでなく、学校も作ることで地域に浸透を図

りました。特に西ヨーロッパではそれらの学校が貴族の若い男性の中等教育の場となりました。[*8]「我思う、ゆえに我有り」で有名な哲学者のルネ・デカルトもイエズス会の学校で数学に出会っています。ただし、最先端の数学研究となるとイエズス会の学校で発表の場があるわけではありませんでした。天文学の教育においても、地動説は扱われませんでした。

自然哲学、すなわち今でいう物理や化学、生物学など、実験・観察を伴う自然科学分野全体を学べる学校はなかなか作られませんでした。そういった分野には錬金術や職人階層の技術など、当時の大学からは文化的に遠い要素が沢山入り込んでいたからです。自然科学はもっぱら独学で習得し、同好の士で集まって楽しむものでした。

大学だけでは不十分というのは、自然科学だけではなく、他の分野でも同じでした。ルネサンス期から一七世紀前半にかけては、人文主義の伝統のもと、特にイタリアなどを中心に新しい学問や文芸、芸術が花開いた時代です。この時代に、中東世界に伝わっていた古代ギリシア、ローマの学術的遺産や、イスラム文化圏の書物が多く伝えられたのですが、その解読や翻訳、研究などの営みは、大学ではなく、様々な規模の私的な同好会で盛んに行われることになりました。

こうした同好会は「アカデミー」（もしくはソサエティ）などの語で呼ばれました。たとえばガリレオも実験や自然観察を愛好する人々によるアカデミア・デイ・リンチェイ（山猫アカデミー）に加わっています。

既に一二世紀頃にも、イスラム文化圏を経由した古典や学問の輸入はなされていたのですが、一五－一六世紀に起きた文芸復興に特徴的だったのは、教養ある豊かになった商人層が台頭し、かつ印刷術の発展といった要素に助けられて、知的な活動が教会と大学を超えた場所で展開するようになっていたことでした。一二世紀の段階では「教会の外」に大学という学問のコミュニティができたことが重要だったわけですが、今度は「教会と大学の外」に、更に自由な文化が広がったわけです。

❸アカデミーと諸学連関の伝統

当初、私的なアカデミー会合は社交と研究の入り交じったスタイルのものでした。集まって学問談議をした後、音楽を奏でながら晩餐会などをするのが一般的であったようです。内容によっては女性が参加することもありました。

また、人々には文系・理系を区別する感覚は依然としてありませんでした。なので、俗語で書かれた詩作を楽しんだり、音楽や絵画を嗜んだりするのと同じくらい、古代ギリシア語、あるいはアラビア語の自然学・医学書の翻訳や、それに基づく自然観察などを楽しんでいました。

また、全人格教育を掲げたルネサンス期の理想が生きており、人々はなるべく多くの分野を知るのがよしとされていました。そのため、数学と音楽、詩が同居するような会合も稀ではありませんでした。

現代の感覚からすると不思議かもしれませんが、当時の人たちは別に無理をしていたわけではありません。彼らにとっては全てがつながっていたのです。

まず、古代文明にならって、生き生きとした人間精神を、ラテン語ではなく自分の母語で表現するため、俗語を詩や表現の言語に磨き上げたいという気持ちがありました。また、当時の文学的な読み物は基本的に詩であり、詩は音楽や演劇と近い関係にありました。更に、東方から伝わった書物にはあらゆる分野（哲学、詩、錬金術書、数学、自然学など）がありました。言葉を磨くこと、食事と音楽を楽しむこと、様々な知識について談議すること、これらが自然な連関をなしていたのです。

しかし、そうしたアカデミー会合の一部が有力な王侯貴族の庇護を得るようになると、社交とアカデミー活動とが分離していきます。

最初期に王権によって制度化され、現代にも続く有名なものは言語を扱うフランスのアカデミー・フランセーズ（一六三五）です。一七世紀半ばになると、自然科学的な実験や数学を取り入れたアカデミーが各地に誕生していきました。一六六二年に英国のロンドンにロイヤル・ソサエティが、一六六六年にはフランスのパリ王立科学アカデミーが成立しています。一八世紀になると欧州全土で二〇〇以上のアカデミー（またはソサエティ）が作られました。現代ではノーベル賞で有名なスウェーデン王立科学アカデミーもその時期に作られたものの一つです。

大学と異なり、アカデミーでは基本的に自国の言葉か、または当時国際語としての地位を高めつつあったフランス語と自国語など、複数の言語で活動が行われました。ルネサンス期に根付いた伝統の影響が窺えます。

アカデミーの活動自体は、学会のようなものでした。ただし、パリやベルリン、サンクト・ペテルブルクなど、王権のイニシアチブが強かった一部の王立アカデミーは会員に収入を与え、一生を研究だけして暮らせるような立場を保障していました。それまでも、軍事技術者や貴族の家庭教師、王様のお抱えの学者といった立場で給与を得ながら自然科学や数学の研究をすることはありましたが、特定の雇用主の意向を気にすることなく、研究することだけで組織に属し、生計を立てる道が開けたのはこの時が初めてだったようです。[*9]

❹自然科学研究の専門化、世俗化

自然科学だけを扱っていたパリ王立科学アカデミーなど一部の組織をのぞき、大半のアカデミーでは自然科学と言語・文芸・歴史など文系の学問が一緒に扱われていました。しかし、アカデミーが制度化されたことは、ゆるやかながらも少しずつ専門分化の方向をもたらしました。特に自然科学においては、この時期を通じて現代の科学者に通じるものの考え方、行動様式が固まっていったといわれます。影響力があったと思われるのは、ニュートンが所属したロイヤル・ソサエティと、その仕事を高度な数学で表現することに成功し、科学の近代化を進めたパリ王立科学アカデミーです。

ロイヤル・ソサエティは科学の専門学会誌の先駆けとなる『フィロソフィカル・トランザクション』を出版しました。また、平民の出でありながら科学研究の名声により貴族となり、死去の際には国葬までなされたニュートンは科学者の模範としてヨーロッパ中に知れ渡りました。

一八世紀以降に発展したパリ王立科学アカデミーは、科学の研究論文が出版されるスタイルを近代的なものにしました。論文がジャーナルに載るには査読を受けるという仕組みを作り、科学の議論に宗教の話を混ぜてはいけないという決まりを最初に定着させたのはこのアカデミーです。たとえばその会員の一人であったピエール・シモン・ラプラスは、天体力学の研究について「神という仮説は必要ではない」と述べたことで有名です。

宗教の話が突然出てきてびっくりした方もいるかもしれませんが、一七世紀までの科学研究者はむしろ、自然界の謎について行き詰まったとき、神の存在に触れることが普通だったのです。当時は、自然現象を探求すること自体が決して宗教とかけ離れた行為ではなく、むしろ神の創ったこの宇宙についてより良く知るために必要な営みでした。それゆえ、分からないことが起きたら神の問題に立ち戻るのは必然的ですらあったのです。

一七世紀後半の時点では、説明がつかない自然現象に出会ったときの反応は大まかに次の二つに分かれていました。一つは、神がこの宇宙を数学で説明可能な形に創ったはずだと信じて、自然観測のための精度を上げつつ、その結果を記述する数学の発展に尽くそうとする立場です。この考え方だと宇宙は精巧な機械細工のようなイメージのものとなります。神とはその機械を創った技師のような存在というわけです。

もう一つは、神の意図は人間には計り知れないとした上で数学による完全な記述を諦める立場です。意外かもしれませんが、一七世紀においては優れた数学者としても知られたブレーズ・パスカルや、ニュートンはこの立場に立っていました。

パスカルは晩年、ジャンセニスムという異端視されたカトリック・キリスト教の宗派に身を捧げ、神の偉大さに比較して、数学で理解できることは少ないとの認識を示しています。ニュートンもやはり敬虔なキリスト教徒（それも三位一体を否定する異端的立場）で、この世には神の調整が常に働いているが数学で説明できるのはその一部であるなどとしています。

このように当時のヨーロッパにおいては科学の探求と宗教が深くつながっていたのですが、それにもかかわらず、パリ王立科学アカデミーの学者たちが宗教の話を論文の中に紛れ込ませなくなったのには、政治的な背景がありました。当時のフランスは宗教に関して言論の自由がなく、検閲が厳しかったのです。

そして皮肉なことにこのような体制は、先に述べた二つの世界観のうち「機械細工としての宇宙」モデルと比較的相性の良いものでした。神が優れた技師であればあるほど、宇宙は機械としての完成度が高く、一度動き出せばもはや修理工を必要としないはずです。

この前提のもと、学者たちは神という「仮説」を省略し、「機械細工」の解明とその記述にいそしむことができるようになったのです。[*10]

❺アカデミーの衰退と工学の発展

ニュートン亡き後、英国の理論科学、数学研究はいささか低迷します。代わって科学研究の中心地となったのはフランスでした。数学、物理学は高い水準に達します。化学も錬金術的な伝統を次第に脱し、化合物の分析などが緻密に行われるようになりました。生物学だけはまだ近代的な専門分野となっていませんでしたが(創造説が否定されていませんでした)、解剖学や動植物の分類方法が洗練されていきました。ほぼ「理学」の近代的な専門分野としての輪郭が整っていったわけです。

ただし、後に理工系の一翼をなすことになる諸分野のうち、一八世紀までの段階では各地の大学にはほとんど受け入れられず、アカデミーでも低い扱いを受けていた領域がありました。それはモノ作りなどの技術の分野です。伝統的には、軍事技術と民生技術(産業部門)がありますが、後者は特に卑しい平民の仕事とされていました。さほど頭を使わない手作業と思われていたからです。

フランスは科学研究が盛んでしたが、産業技術はやや低調でした。他方、英国では職人、技術者層が拡大する市場経済の波に乗って活躍し、都市の建設や工場機械作成などで力を発揮しました。彼らは正規の大学教育を受けておらず、正確な図面を作成したり、難しい計算をしたりする能力はありませんでした。ただ、科学的な発見について日常の中で聞いて、そこから発明のインスピレーションを得る程度には教養がありました。蒸気機関を発明したトーマス・ニューコメンや、ジェームズ・ワットはこのような人々です。

英国のスコットランドでは、一七七一年には歴史上初めて民間の技術者のための職能者団体である土木技術者協会が創られています。一八世紀後半に英国で始まった産業革命は、科学への関心と、発明的な直感や現場感覚を有した技師、職人たちが主導しました。

制度的なレベルで大学の「理工系」が形作られるにあたり決定的な変化は、一八世紀末から一九世紀初頭にかけて起きました。一八世紀末には既に、専門分化し、出版物も増えた諸学問にとってアカデミーという組織は窮屈なものとなっていたのですが、フランス革命をきっかけにヨーロッパ諸国で吹き荒れた政治動乱が決定的なとどめを刺したのです。アカデミーにおける研究活動は衰退し、特に王制につながる旧来の制度が一気に崩壊したフランスでは、真っ先に新しい学術の制度が作られていきました。

まず、革命が一段落ついた一七九四年一二月には、新しい共和国に必要な技術系人材の不足を補うため、パリに公共事業中央学校という技師育成学校を発足させました。この学校は翌年エコール・ポリテクニークと改称し、身分の別なく男性市民に門戸を開きました。直接的には軍事（砲術・築城術）、公共事業（土木・建築）に役立つ人材育成の場であったのですが、同校は一九世紀前半に新しい科学研究の中心地となります。アカデミーに所属した科学者はそこで雇用され、高度な科学理論教育を行う教師となりました。

先ほど書いたように、フランスでは産業技術が低調で、それは一九世紀の間もすぐに変化はしません。しかし、エコール・ポリテクニークを卒業した技師たちが高度な理論教育を受けていたことは、モノ作りとしての技術と数学が結びついた新しい分野、「工学」の成熟につながりました。工学は、次の時代の工業化（第二次産業革命と呼ぶこともある）を用意することになる分野です。

工学とは technology（テクノロジー）の訳語でもあります。テクノロジーというとすぐ「科学」「数学」を想像する人が多いですが、それはこの時代以降のことなのです。

開かれた形で本格的な科学の専門教育を提供することができたエコール・ポリテクニー

クは、次世代の科学研究者を育てると共に、ドイツ、スイス、アメリカを含め、専門的な科学・技術教育にモデルを提供しました。同校は大学ではないのですが、この後で述べるように、大学の理工系教育の形成に影響を与えることになります。[11]

❶古くて新しい人文社会科学

「文系」成立前夜——人文社会科学の黎明期（一六世紀末〜一九世紀前半）

文系についての歴史は、実は理系よりもわかっていないことが多いです。これは、なぜか「自然科学史」の研究の方が先に進み、「人文社会科学史」研究はつい最近、ようやく形を取るようになったばかりという事情があります。

もちろん、各分野別の「社会学史」「経済学史」「政治学史」などはあるのですが、「人文社会科学史」という枠組みでの研究がほとんどないのです。

これには、人文社会科学の成立背景が影響しているようです。実は、人文社会系というのは、歴史的に見ると、「古くて新しい」という特徴があります。

私たちはうっかりすると、「文系は古代から存在していたが、理系の諸学問は最近生まれた」という見方をしがちです。しかしそれは、完全な間違いとはいえないまでも、正確ではありません。どういうことか説明します。

法律を作ったり、詩や物語を創ってそれを評価しあったり、歴史を記録したりという営みは、確かにある程度の規模の文明ならば、必ず存在します。特に、聖書のように何らかの重要な文献、正典をきちんと解釈し後世に伝えるという営みは地域を超えて昔から普遍的にありました。[*12]

その意味では遙か古代から、法学も文学研究も歴史研究も存在します。しかし、それらは「近代的な」法学や文学、歴史研究と全く同じとはいいきれません。

自然科学の場合を思い出してみて下さい。確かに、近代的な自然科学の形成期は一七世紀以降ですが、古代ギリシアや中世にも、人々は複雑な計算や図形の問題を知っていました。天動説ではあるけれど、星の運行をある程度予測できました。しかし、それらは現代の自然科学とは違う特徴を持っていました。同じような理由で、文学や歴史といった領域にも、「近代的ではなかった」時代というのがあるのです。

では、いつから法学や文学、歴史は近代化したのでしょうか。実は、その部分が、文系の場合は理系よりも込み入っています。また、人文社会科学史の研究蓄積の少なさ故にわからないこともかなりあります。ただ、結論だけ先に書くと、だいたい次のようにまとめることができます。

まず、法学や文学や歴史といった領域も、自然科学とほぼ同時期、一六～一八世紀にかけて近代化していきました。そのあと、一八世紀から一九世紀にかけて経済学や社会学の原型が作られていきます。しかし、物理や化学、生理学といった諸分野の研究者が、「自然哲学」あるいは「自然科学」という統一的意識を比較的早くに持ったのに対し、文系諸分野の場合はそれが遅れたのです。「社会科学」という概念が生まれるのは一八世紀の末ですし、大学の中で社会学や経済学といった分野が定着するのは一九世紀半ば以降です。更に、文学や歴史学、哲学の研究者が「人文科学（あるいは人文学）」という概念でまとまりを意識するようになるのは一九世紀末、もしくは地域によっては二〇世紀初頭を待たねばなりません。

要は、歴史の中で諸分野のカテゴリーが定着していった順番からすると、「自然科学・工学」「社会科学」「人文科学」という順番になるのです。

❷ 神（と王）の秩序から人間の秩序へ

ところで、文系諸分野の「近代化」とは一体どのようなものをさすのでしょうか。自然科学に比べて文系諸分野は多様性が激しいので、色々な考え方ができてしまうのですが、私は「人間の世界について語る言葉が、宗教の規範や、世俗権力の支配下から自律したこと」だと考えています。それは言い換えれば、私たちが当たり前のように生きているこの近代的な社会のしくみを理解し、それを語るための言葉そのものが作られていった過程でもあります。

なお、正確さのために補足しておくと、「世俗権力」で想定しているのは王権などの身分秩序や武力を伴う支配です。そして、「宗教」として主に念頭においているのは、主にカトリック教会、すなわち、教皇庁を総本山とするキリスト教のことです。

自然科学においても宗教との関係が問題となっていました。このキリスト教の存在感は、日本で育った読者の方にはぴんとこない部分も多いかもしれません。この先を読むために、踏まえておかなければならないのは、中世までのヨーロッパ世界が常に二つの権威によって支配されていたということです。それは、世俗の政治的な権威（つまり国王）と、宗教的・

精神的な権威（つまり教皇庁）です。

教会は「精神的な権威」ですから、原則として、支配のために武力は用いません。しかしその影響力は絶大でした。各地の教会、あるいはそれを束ねる教皇庁に聞けば、道徳や倫理の絡むあらゆることについて「どうするのがよいか」を答えてもらえたのです。その範囲は、いわゆる宗教的な問題に加え、現代の社会科学、人文科学が対象とする領域にも及んでいました。たとえば、国王が隣国と戦争をすべきかどうかという外交問題から、夫婦の性生活など私生活上の悩みに至るまで、政治、経済、人生、ありとあらゆるスケールの道徳上の問題が教会の検討対象となったのです。

要は、文系的な知識全体が教会と王権の支配下にあり、それも自然科学の場合より強い統制がかかっていたのです。歴史は王の求める政治史か、聖書の記す神の歴史しかありませんでした。文学的・哲学的な営みについては、教会と王権が問題と見なした文書についての禁書リストが定期的に作られました。経済については、王権も、カトリック・キリスト教の神学も商業活動の統制を支持していました。

ところで、中世以降ヨーロッパにおいて王が世俗権力を掌握したのは、王権神授説、すなわち神が王にそれを与えたという前提ゆえでした。王が支配することも「神が定めた」

秩序の一部だったのです。

近代的な人文社会科学は、「神の定めた秩序」に支配される世界から抜けだして、「人間のための秩序」を模索するところから始まります。

❸人間中心主義と文献学の成熟（一五〜一七世紀前半）

近代的な人文社会科学の原点を考える上で重要な最初の出来事は、ルネサンスと宗教改革です。

一五世紀頃から本格化したルネサンスは神ではなく人間を中心にした世界観を広めました。模範とされた古代ギリシアの哲学や文芸が人間中心の視点を強く持っていたからです。キリスト教徒からすれば古代人は異教徒なのですが、大いに刺激を受けたというわけです。

宗教改革は「自国語に訳された聖書をきちんと読み自分の頭で理解する」ことの重要性を訴える人々が広めた運動であり、カトリックのキリスト教（旧教）に対して、いわゆる新教を打ち立てました。それまで聖書はラテン語で書かれており、学識のあるカトリックの聖職者だけが専門家として、ものごとの善し悪しを判断できるとみなされていました。新教徒はそれを疑ったのです。そこから、「どんな権威も間違うのだから、自分の知性で判断をするべきだ」という態度が少しずつ、宗派を超えて広まっていきます。

人間中心主義と、自分の頭で考えるということ、この二つはすぐに社会を変えたわけではありませんが、数世紀をかけて、カトリック教会を中心に成り立っていた社会秩序を揺るがし、政治、経済、文化に関わる営みを宗教から自律させていきます。

その変化はまず、古代から存在していた法や政治学の領域に現れました(「政治学」はアリストテレスの著作で扱われています)。たとえば、近代的な政治学の原点とみなされるニッコロ・マキャヴェリの『君主論』は、政治の領域を宗教的な道徳から切り離し、政治固有の原則を追求するところから生まれています。また、英国において新教徒の宗教勢力と、王権神授説を唱える国王の対立による政治混乱を目の当たりにしたトマス・ホッブズは、宗教的な原理を直接は用いない国家成立の理論を提唱しました。彼らの業績の上に、その後、ロックやルソーの社会契約、モンテスキューによる三権分立など、近代的な市民社会を考える上で欠かせない法学理論が積み上げられていきます。

マキャヴェリやホッブズたちが新しい思想を紡ぐことができたのは、古代ギリシアのプラトン、アリストテレス、ローマのキケロといった人々による古典的政治思想を彼らがしっかりと読むことができたからでした。それが可能になったのは、一五世紀以降のルネサンス期に発展した文献学のおかげでもあります。

文献学とは古いテクスト（文章）を読むために必要な一連の方法です。古代ギリシアのアリストテレスの著書のように、千年以上前から存在する文書を読む場合、気をつけなければならないのは、それが色々な人に手で書きうつされて伝わっていることです。その結果、同じ作品でも、様々な違うバージョンの手書き文書が残ってしまっていました。

そこで、一五–一六世紀の人文主義者（humanist）と呼ばれた学者たちは、複数の古文書をつきあわせて読み比べ、オリジナルの原稿にあったはずの内容を再構成しようとしたのです。時には文書の書かれた時代を特定するための考証も行うことで、一番古く原本に忠実な文書を見つけることに苦心しました。

複数の文書を読み比べるため、古代ギリシア語、古代ラテン語、ヘブライ語、アラビア語、シリア語など、様々な語学に通じた学者もいました。人文主義者たちにより高められたこの文献学的伝統は、後の「人文」系のアイデンティティの中核を形作っていくことになります。

文献学の方法が確立したことは、話が前後しますが、数学や自然科学がヨーロッパで発展する基礎をも作りました。なぜなら、それによりヨーロッパの人々が正確な翻訳で古代ギリシアの科学的業績を理解し、その上に自分たちの発見を積み重ねることができたからです。

歴史に対する認識も、人文主義の影響下で変化し始めました。一六世紀には、文献学の発展により可能となった時代考証のテクニックを駆使して、古代の文献に残る事象の時代を特定し、年代記の作成が試みられました。その結果、ヨセフス・ユストゥス・スカリゲルのような優れた学者は、最初のエジプトの王朝が、聖書に記載のある天地創造の日（四〇〇〇年前とされていました）より前であることに気づいてしまいます（なお、この時に使われた史料は古代の天文学記録など、文系、理系を超えた内容のものでした）。

当時の人々も、そしてスカリゲル本人もこの結果を何かの間違いだと考え、受け入れませんでした。しかし、一七世紀になるとバールーフ・デ・スピノザのような思想家が現れ、聖書は結局人間が書いたものだとの主張を展開します。彼の思想は危険視されましたが、続く一八世紀には、聖書を真剣な歴史資料とは見なさない態度が広まっていくことになります。[*13]

❹啓蒙の世紀と百科全書的な知の限界（一七世紀末〜一八世紀半ば）

一七世紀前半は宗教をめぐる戦争や論争で大変な時代だったのですが、宗教戦争が一段落した一七世紀後半から徐々に風潮が変わりはじめます。

それまで学者たちは、旧教（カトリック）も新教も、宗教の問題をきわめて知的かつ真剣に議論していました。しかし一八世紀になると関心が薄れていってしまうのです。代わって、「理性的に行動するためにはどうすればよいか」が知的な人々の関心事になっていきます。そして「啓蒙思想」が流行することになるのです。

啓蒙思想とは、おおまかにいえば、普遍的な人間の理性を解放することで、人間は自由となり、自然の支配と、社会の変革を実現していけるという考え方です。人間は「進歩」するということへの信念を基調としているのも特徴です。

既に一七世紀半ば以降、学問・芸術の振興のためのアカデミーを中心に、詩や演劇から数学に至るまであらゆる領域で、古代と近代の優劣についての激しい論争（新旧論争）がなされていました。言い換えれば、この時期まで西洋の人々は古代文明を超えた学問や芸術を作っていける自信を持っていなかったということです。その姿勢が変わっていった末に、啓蒙思想の展開がありました。そして、各国のアカデミーでは古代語ではなく、自国の言語を用いた知的活動が盛んとなりました。

ただし、学問の自由はまだありませんでした。アカデミーは国王の政治的な影響下にあったからです。自然科学の場合はそれでも比較的自由な研究が許されたのですが、人間社会に関わる研究や思想はその限りではありませんでした。たとえばフランスのルイ一四世にとって、歴史は何よりも、フランス王権が神話的な古代ローマ帝国の後継者であることを明確にし、王国の栄光に役立つものでなければなりませんでした。[*14]

王国内の反体制的な文筆家、芸術家に至っては激しく弾圧され、政治や経済についての学術的探求はアカデミーでは許されませんでした。

対して、新教を選んだ英国、オランダなどの諸国ではこの頃から言論の自由が保障されていきました。とりわけ重要であったのは、オランダで自由な出版活動が可能になっていたことです。そのため、言論統制の厳しい国から原稿を持ち込んで出版し自国に流通させる人々は後を絶ちませんでした。そして、本国の検閲にもかかわらず、各国で次第に政治と経済に関する地下出版市場と言論の場が、確立していくことになります。

オランダや北欧など一部の新教国では大学が比較的社会の変化に対応し、新しい学問の中心であり続けました。ただ、自由度の高さゆえに学問組織は分権的な構造を持ち、覇権をもたらすような文化と富の一極集中が起こりませんでした。そのため、言論が不自由であるのに、政治的、文化的存在感のあるフランスの芸術と学問、科学は、地下出版を通じ、欧州において影響力を持ち続けます。

啓蒙の時代を象徴する文化的な事業としては、ドニ・ディドロとダランベールの編集による『百科全書』(一七五一－一七七二)という大事典が有名です。二十数巻から成り、あらゆる分野のあらゆる地域に関わる知識を収録しようとしたこの事典は、フランスのアカデミー組織、および王制社会に不満を持つ人々の力を結集し、本国の検閲をくぐり抜けて出版されました。

本書にとって『百科全書』が興味深いのは、そこに「文系」「理系」とは異質の学問分類がみられることです。

同事典の冒頭には、「人間知識の体系図」と称する学問体系図があるのですが、分類の原理は、人間にある三つの能力「記憶」「理性」「想像力」です。そして、「記憶」カテゴリの下に「歴史」があり、「理性」カテゴリの下には「哲学」、更にそのサブカテゴリとして「神の学」「人間の学」(道徳、論理学など)、「自然の学」(数学、自然学など)の三者が並んでいます。

また、「想像力」の下には「詩学」が来るのですが、これはいわゆる詩だけではなくオペラ演劇から小説などの文学全般を含んでいます。

また、「自然の学」自体が多様で、数学を用いる研究とそうでない研究（たとえば動植物の研究や化学など）に分けられていたりもします（図2）。

明らかに自然科学と人文社会科学とを二分する分け方ではありません。このことは、編者のダランベールが数学や力学を得意とする一方で、作家のディドロと共に「フィロゾーフ」（哲学者）と呼ばれていたことからも窺えます。

ただし、その一方で、ダランベールとディドロは対極的な学問観を持っていました。ダランベールは、諸学問の原理が究極的には一つに収斂すると信じ、数学が適用できることで学問分野が生む知識の確実さは決

図2 『百科全書』人間知識の体系図

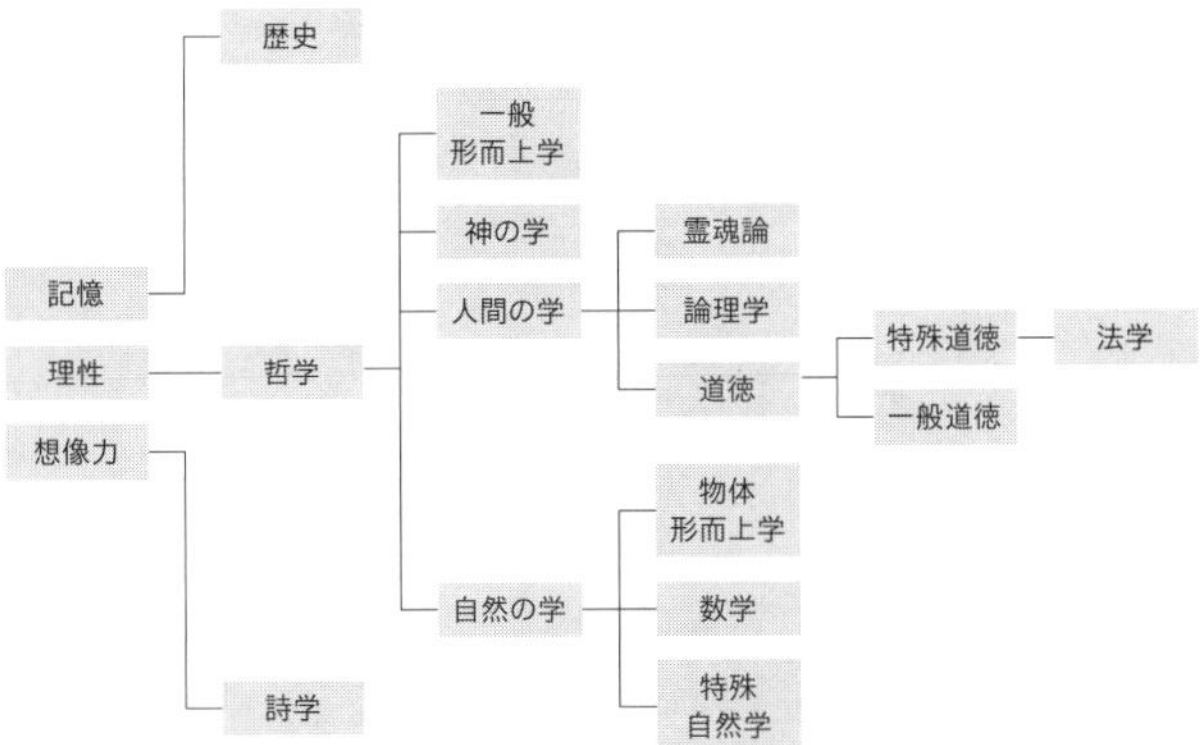

Diderot & d'Alembert, *Encyclopédie*, t.1, Paris, 1765より隠岐が作成

まると考えていました。ゆえに、自然現象でも数学が使えない対象（当時の化学実験など）や、社会の現象については不確かな理解に留まるしかないと考えていました。

対して、ディドロは、あらゆる学問に共通の原理があるとは思わず、道徳や政治にはそれ固有の原理があるとの発想をとっていました。また、化学実験を愛好していたため、数学により常に確実な結論が出せるとも考えず、職人のように実際のモノを見て触ること、試すことに意義を感じていました。[*15]

現代で言うと、理系と文系、理論系とモノ作り系の対立が混じったような感じです。百科全書的な知のあり方が奨励されてはいましたが、実際には人々は、得意とする分野に影響を受け、かなり違う考えを抱くようになっていたのでした。

❺社会科学の黎明期

——啓蒙思想・資本主義・政治革命（一八世紀後半）

一八世紀の後半からは、文系・理系問題を考える上で重要なもう一つの変化が起きています。自然科学の発展に触発され、人間の道徳心や商業活動、政治活動など、社会的な現象を理解するための新しい科学を作ろうとの気運が高まったのです。

経済学の原点は、この時代の、自然科学に影響を受けた特殊な政治思想の流派にあります。代表的なのは、『国富論』(一七七六)で自由な市場経済の必要性について説いた、英国(スコットランド)のアダム・スミスです。

既に一八世紀半ばには、英国では資本主義経済が本格化しつつありました。そして、新しく台頭した産業資本家層は、国内の規制や、対外貿易や大商人を優遇する重商主義政策に不満を感じていたのです。スミスの書物は新しい時代のために書かれていました。ただし、それですぐに今のような「経済学」(economics)という分野が確立したわけではありません。スミス自身はそもそも、大学の法学講義の一部として、『国富論』を用意していたし、教えた科目も「道徳哲学」でした。

後の経済学の母体となる多様な政治思想が、英国、フランス、ドイツ、イタリアの各地域で同時多発的に生まれていたことも忘れてはなりません。たとえば、フランスのフィジオクラシー(重農主義)学派は初めてマクロ経済的に農産物の流通を考察し、穀物価格の自由化を説いてスミスの議論に影響を与えています。イタリアでは一七五四年に、他国に先駆けて「政治経済学」という名の大学講座がナポリに生まれました。ドイツでは財務官僚人材養成のための官房学という科目が各地の大学に制度化されていました。

これらの思想および分野は、人口問題、公衆衛生問題、内務行政など、現代で言う狭い意味での「経済」以外の対象を含んでいましたが、近代的な政治・経済思想の中核を用意するものでした。

「社会科学」（sciences sociales）という概念が誕生するのはこの時代です。一七九〇年代において、フランスのコンドルセ侯爵と友人のガラが使ったのが最初といわれます。

ただし、コンドルセらがその語を用いたとき「社会科学」として想定していたのは、更に多様な内容でした。スミスの経済思想に加え、モンテスキューなどの政治思想、ルソーの文明批判のような歴史哲学論、人間の精神や道徳心についての哲学的な思索（スコットランドのトマス・リードなど）も想定しました。また、各地からの旅行者が持ちよった人類学的な知見や、確率・統計を用いた社会現象を理解するための研究といった、未だ専門分化しきらない試みもそのカテゴリーに入っていました。なお、これらはもともと「道徳政治科学」（sciences morales et politiques）という概念でくくられるのが一般的でした。そのため、道徳政治科学、あるいは単に「道徳科学」などの表現が並行して使われ続けました。[*16]

いずれにせよそこで問題になっていたのは、王の権威や、宗教的な権威の指導を必要とせずに、人々が社会や国家について考えて、適切に行動を決定するための学問構想であるといえます。

コンドルセ自身は、多数決投票の問題に確率論を応用した研究で知られます。自然現象ではなく、社会現象に数学を応用した試みとしては最も早い時期のものでした。また、政治思想の著作でも知られ、革命期には政治活動を行い命を落とします。彼の研究はその後しばらく忘れられるのですが、「社会科学」という言葉は、競合する表現である「道徳政治科学」（あるいは「道徳科学」）とともに、次の時代に引き継がれていきます。

近代大学の成立と自然科学・人文社会科学の制度化（一九世紀以降）

❶「有用」イデオロギー批判と哲学の復権

啓蒙の世紀は理性の時代でしたが、それと同じくらい、「有用性」、すなわち「役に立つこと」に人々の関心が集まっていた時代でした。

革命を体験したフランスで一足早く、技術者養成学校を母体に理工系の専門教育が始まったのは先に書いた通りです。そして一九世紀初頭に同国を支配したナポレオンは、軍事的実用性のある理工系専門教育や、奢侈《しゃし》品としての芸術・文芸は保護する一方、政治や経済の研究は警戒し弾圧しました。

そのような状況を反面教師にして、近代的な大学を作り上げていったのがドイツ（当時は統一されておらず、領邦が分立する状態）でした。とりわけナポレオンによる占領のあとは、フランス的な文化・教育体制への反発を強め、方針を固めていったといわれます。

一八一〇年にベルリン大学を設立した一人として有名な教育改革者のヴィルヘルム・フォン・フンボルトは、国家からの「学問の自由」を掲げたことで有名です。また、専門分化を意識して、従来より教師の採用資格を厳しくし、講義をしてよい分野を制限する措置を取りました。

同学では、神学部、法学部、医学部など従来の構造を維持しつつも、それら三分野だけではなく、自然科学を含め、新しい諸学を柔軟に取り入れる方針がとられました。そして、諸学を束ね、指導する学としての哲学と、それによる人格陶治《とうや》（Bildung）が重視されました。

他にも新しかったのは、研究と教育の一体化に取り組んだことです。すなわち、既に出来上がった知識を師匠が弟子に教授するという形ではなく、若者が未解決の研究課題に取り組み、先達として教授がそれを支援するという、教育と研究を同時に行う方式に大学が転換されたのでした。[*17]

この改革は、少人数の学生と教員が共に自らの発表や討論により切磋琢磨する教育方式、すなわち、いわゆる「ゼミナール方式」の普及に結実しました。ゼミナールはラテン語のseminarium（「苗床」の意）を語源とする言葉で、英語のセミナーと同じです。最初にその方式を取り入れて成功を収めたといわれるのが、ゲッティンゲン大学のヨハン・マティアス・ゲスナーによる古典文献学ゼミナールでした。その方式は歴史学や古典学など隣接領域にすぐ広まりました。一八二五年には、ベルリン大学でカール・グスタフ・ヤコブ・ヤコービにより数学のゼミナールも始まっています。[*18]

ドイツがそこに至るまでの過程は、哲学者のエマニュエル・カントが一七九〇年代末に書き残した『諸学部の争い』（一七九八）という文書からも窺えます。

改革前の大学は、専門職業（聖職者、弁護士、医師）に直結した上級学部（神学、法学、医学）と下級学部（主に哲学）から構成され、後者が低い位置付けにありました。

カントはそこで、社会的な「有用性」に奉仕する前者に対し、あらゆる統制から自由で理性的な判断を下す後者の重要性を訴えました。それに加えて両者は、徹底して論争し続けなければならないとも訴えました。そのような闘争が真理の探究の場としての大学にとっては理想であり、社会にとっても有益な効果を持つとみなしたからです。

大学の諸学部が学問以外のもので競うことは、たとえそれが一見、政府や民衆の要望に応えるようにみえても、実は根本的な部分で裏切りに等しいとカントは考えました。なぜなら政府が大学の諸学部に様々な権利を認めたのは、通常の官僚組織にも、民間の組織にもできないかたちで、社会に貢献させるためであったはずだからです。その一つが学問を追究することでした。[19]

特に、しがらみが少なく自由な判断を下せる哲学は、学問を追究することにおいて優位にあり、上級学部に学問の基盤を与える使命があるはずだ、と彼は考えたのでした。

哲学を大学の営みの中心に据えるカントの主張はその後の基調となったわけです。ただし、「学問同士が争うことが真理にとって必要」という視点については、十年後、同じ国の哲学者、フリードリヒ・シェリングによって批判されました。シェリングは、神学、法学、医学といえども、あらゆる学部の中に哲学が浸透し、存在しているため、本質的な対立はありえないと考えたのです。これは彼の時代に大学がフンボルトの示す方向に変わりつつあったことを反映していました。[20]

❷実験教育制度の確立と理工系教育の専門化

理工系教育の確立を考える上でゼミナールと並んで欠かせないのは、学生実験を主体とした実験教育制度です。当時のヨーロッパには講義方式の授業しかなかったのです。たとえば、エコール・ポリテクニークの学生たちのうち情熱のある者は、課外の時間に教員の私邸で実験の講習を受けて研究者になりました。

そんな時代に、二一歳の若さでギーセン大学の員外教授となったユストゥス・フォン・リービッヒは、学生を教育しながら研究するという、ゼミナールの構想を活かした実験教育法を持ち込むことになります。

彼はフランスに留学し、エコール・ポリテクニーク教授のゲイ・リュサックの実験室で個人的な手ほどきを受け、テクニックを身につけていました。そして化学の共同実験室を自国の大学に作りたいと考え、その構想の実現に着手したのでした。

内容は当時発展しつつあり、産業的な応用性も高い有機化学でした（化学物質を分析したり、新しい物質を作ったりできる分野です）。学生はデザインされた実験教育を一定期間受けた後、そのテクニックを実践して教授の指導下でオリジナルな研究を行うことができたのです。当初は大学とは独立にリービッヒが個人的に運営する講習会でしたが、評判が高まり、一八三〇年代には大学の正規カリキュラムとなりました。

リービッヒ的な実験教育方式の強みは、均質な能力を持ち、よく訓練された研究者集団が短期間で育成できることでした。また、チームとして研究開発を行うため、短期間で多くの成果を上げました。そして、リービッヒのもとを巣立った学生たちは欧州各国で産業革命の進展に貢献し、次の世代の人材を大学や企業に供給したのでした。

ただし、この方式には欠点もありました。あまりにも実践的で無駄のない教育法であったため、幅広い教養を身につけることなく卒業する学生を増やしたのです。フンボルトが掲げた人格陶冶の理念に逆行する、タコツボ化した教育・研究の場となってしまったのでした。

現在でも「科学者」を意味するScientistという語は、リービッヒの実験研究教育が軌道に乗った一八三〇年代に英国で出現します。もともとは「自然科学ばかりに夢中になっている人」という意味にとれる言葉でした。ウィリアム・ヒューエルという哲学者（数学者でもありました）が、当初は皮肉混じりに提案したといわれます。「科学オタク」くらいのネガティブな意味があったと考えてよいでしょう。

当時は、多くの英語圏の人々がその呼称を不名誉なものとして受けとめました。教養の持ち主をイメージさせる man of science のような呼称が好まれていたからです（science にはもともと「知」という意味があります）。しかしギーセン大学を卒業した「職業科学者」たちが増えて、科学の専門分化が進展すると、Scientist という語は定着していきました。

ギーセン大学式実験教育システムは、一八三〇年代から七〇年代にかけて、ドイツ国内の他大学に、二〇世紀初頭までにはイギリスやアメリカでも取り入れられました。また、一八九〇年代には化学だけではなく、物理など実験を必要とする他の分野でもスタンダードとなりました。視野は狭いが、深い専門知識を持つスペシャリストが大学の各分野で誕生するようになったのです。

丁度同じ頃、先行して発展した文献学や歴史学のゼミナールも、当初の理念から離れ、細かい問題を論じる専門家の集まりとして閉じていく傾向にありました。学問の世界は細分化、タコツボ化していったのです。私たちが専門分野を「ディシプリン」と呼ぶようになったのもこの時期だといわれます。

なお、読者の皆さんは、ここまでの話で、「一八九〇年代にはあちこちに理学部や工学部ができたのだな」と思ったかもしれません。しかし、そう単純でもないという話を付け加えておきます。

一九世紀になると、フランスのエコール・ポリテクニークのモデルが工学教育にも影響を与え、ドイツの工科高等専門学校（Technische Hochschule、THと略される）など、技術者養成学校の誕生を各地に促すことになります。しかし、技術者教育は高等専門学校の枠組みで行われ、理論的な大学の教育・研究とは別のものという扱いがそのあとも続きました。THですら、一九世紀末までは、学位授与の可能な単科大学として認められませんでした。

英国のスコットランドでは、一八四〇年代、グラスゴー大学に土木・機械学の講座が出現しますが、先駆的な試みは大学当局の理解をなかなか得られず、初代教授のルイス・ゴードンをはじめ、教員たちは教室の確保や資金獲得にも苦労しました。工学に関心を持つ若者も当初はなかなか集まりませんでした。

結局の所、世界で初めて総合大学に工学部を開設したのは日本の帝国大学（現・東京大学）でした。一八八六年のことです（第二章参照）。近代化を急激に進めようとする日本では、工学に関心が高く、旧士族層を中心に学生を集めました。また、中世以来続く大学組織はなかったため、工学を蔑視する発想もありませんでした。

同大学工学部の前身となった工学寮（一八七三－一八七七）、工部大学校（一八七七－一八八六）の教育を作り上げたのは、ヘンリー・ダイアーなど、グラスゴー大学工学講座の出身者です。彼らは、欧州での試行錯誤を活かし、理論面と実践面が調和した理想の工学教育を異国の地で実現しようとしたのでした。[*21]

同じように実学系の学部として知られる農学も欧州の外で制度化が進みました。欧州には学会やアカデミーはあり、主に大学の化学者や生物学者が応用研究、教育を行っていました。しかし農学を専門とするカレッジや学部などの専門教育は、実際に農地開発が必要とされたアメリカで早く発展したのです。とりわけ一九世紀中頃から同国では、公有地を支給して、農学の高等教育を普及させる政策が進められました。[*22]

❸「社会的なるもの」の諸分野——経済学と社会学の錯綜した出現状況

新しい分野というものは、既存の枠組みがはっきりしないところで生まれてきます。啓蒙の世紀の落とし子であった「社会科学」は、未だ輪郭の定まらない多様な思想の集合体でした。

名称も、「道徳科学」「道徳政治科学」と言い換え可能であり、一定しませんでした。また、アメリカで「社会科学」の表現が早い時期から普及したのに対し、英国や欧州大陸では「道徳科学」の方が一般的だったようです。[*23] そして、一九世紀の間、学問の中心は大陸ですので、以下では「道徳科学」の表現を中心に使うこととします（なお、この場合の「道徳」は英仏語のモラル moral / morale という語の訳として用いており、「モラル」には「善悪を判断する生得的な能力」のニュアンスがあります）。

道徳科学（あるいは社会科学）は、国ごとに異なる展開を遂げましたが、その目指すところには共通点がありました。それは、政治革命や、産業革命により変化する社会を観察しつつ、人間の自由と平等について考察するということ、その一方で、既存の身分秩序や、宗教秩序に代わる社会的なつながりの論理を探すということです。その多様さの中から、一九世紀後半になると、経済学と社会学、および他の諸分野（人類学、民族学、一部の心理学、等々）が分岐していきます。

大陸では、道徳科学の研究・教育は、大学よりも、アカデミー、協会、学会での活動や、在野の学者の出版などで展開されました。英国では一八四〇年代末にケンブリッジ大のトライポスという卒業試験で「道徳科学」の科目が採用され、教育制度に取り入れられました。

早い時期に大きな学派を作ったのは、現在では古典派経済学といわれる理論の枠組みを作った学派です。英国およびフランス革命以降のフランスで、デーヴィッド・リカードなどが、スミスによる自由主義経済論を引き継ぎ発展させました。

産業革命の進展により、封建領主が中心となる農業経済の世界から、商工業者が主人公の市場経済へと移行しつつあったことが、各地で英国式の「政治経済学」の発展をうながしたのでした。[*24]

他方、フランスには英国にはない課題がありました。革命により、既存の政治体制と宗教（カトリック教会）を徹底的に破壊されていたのです。その上、相次ぐ政治危機や戦争があったため、社会が混乱し、人々は、宗教に代わる社会的なつながりの論理を切実に模索していました。

たとえば、日常には「人との約束を守らなければならない」のような、何となく守っている決まりがあります。仮に、あなたが住んでいる地域では、今までは「宗教の教えがあるから」皆それを守っていたとしましょう。しかし、急にその宗教がなくなり、隣人が平気で約束を破るようになったとします。あなたは、どうやってその人を説得するでしょうか。

オーギュスト・コントの目の前にあったのは、そのような難題でした。彼は科学が宗教の代わりになると考え、そのためには科学者が社会の理論を発見する必要があると主張しました。そして、そのための科学を「ソシオロジー」(sociologie) と名付けました。この言葉を日本語に訳すと、「社会学」になるのですが、今日の学術的な社会学とは内容は違っています。

なお、コントの師にあたるアンリ・ド・サン＝シモンは、産業家が生産管理を行うことで、社会秩序を保てると考えていました。こちらは後の社会主義という考え方に影響を与えます。

サン＝シモンに影響を受けた人々は「サン＝シモン主義者」と呼ばれ、私有財産制ではない法制度の構想など、本格的な社会改革に情熱を持ちました。最初期の「道徳科学」はいわゆる学問の枠に留まらない思想であり、社会活動でもあったのです。[*25]

「社会」という概念がしっかりと成立していくのも一九世紀中頃のことです。コントと、英国のハーバート・スペンサーは、「社会」(原語の society は「人の集まり」や「社交」が本来の意味) を単なるバラバラの個人の集まりではなく、一つの有機体的なまとまりとして捉える視点を提示し、影響力を持ちました。二〇世紀初頭までは、「社会学」といえばコントとスペンサーを指すこともあったくらいです (特にアメリカに影響力がありました)。

道徳（社会）科学全般に話を戻すと、社会現象を研究するにあたり、採用するべき方法論についての論争も盛んでした。特に経済現象については、一八三〇年代には独占や寡占の問題を抽象的な数式を用いて表現しようとしたアントワーヌ・オーギュスタン・クルノーのような例がありました。また、一八四〇年代までは、前節で触れたコンドルセの影響下で、投票行動や陪審員裁判の問題に確率論を応用する試みがありました。

しかし、当時の主流派は数学の応用には慎重でした。コントは社会現象を対象とする科学も経験的観察に基づくべきだとする「実証主義」（positivism）を唱えて影響を持ちましたが、数学的アプローチに懐疑的でした。社会は「有機体」なので、生理学や解剖学のような方法でないと把握できないと思っていたようです[*26]。

英国のジョン・スチュアート・ミルも、数学を用いて社会現象の考察をすることに否定的であり、歴史研究を用いた分析を社会科学の基盤とすることを支持しました（『論理学体系』）。ミルがこう考えた背景には、実際の経済現象が自然科学実験と違って何度も繰り返して再現可能でないことなど、それなりの理由があります。なお、ミルの『政治経済学原理（経済学原理）』（一八四八）は現代でも経済学の古典として知られています。

道徳科学の枠組みの中で、産業革命の負の側面を捉える試みも発展しました。一八四〇年には、フランス道徳政治科学アカデミーのルイ・ルネ・ヴィレルメが、労働者階級の悲惨な状況について、統計も含めた聞き取り調査を行っています。彼の本職は医者（産業医）ですが、社会の問題をみる医師という感覚から研究に取り組んだのです。同様の取り組みは各地で繰り返され、後にカール・マルクスとの仕事で知られるフリードリヒ・エンゲルスも、有名な調査『イギリスにおける労働者階級の状態』（一八四五）を行っています。

一八七〇年代から九〇年代の間に、経済学と社会学はその研究を、明確に違う方向性に展開させていきます。まず、一八七〇年代に、レオン・ワルラス、ウィリアム・スタンレー・ジェヴォンズやカール・メンガーらが、数式によるモデル化を重視する近代経済学の流れを作りました（限界効用の概念を軸に展開された刷新なので「限界革命」と呼ばれます）。一八九〇年代にはアルフレッド・マーシャルが『経済学原理』を出版し、新古典派とよばれる流派を定着させます。この頃から、現代の「経済学」（英 economics、仏 science économique）という名称が定着していきます。

社会学においては、一八九〇年代に入ると、定性的な方法と定量的な方法の双方が確立していきます。まず、ドイツではマックス・ヴェーバーなどが、人間の社会的行動に与えられた意味の分析を中心とする定性的手法を定着させました。他方、フランスでは、エミール・デュルケムが、コントやスペンサーに影響を受けながらも、記述統計学により社会現象を記述するための方法論を固めました。彼の『自殺論』（一八九七）は、自殺という問題を、単なる個人の動機に還元せず、かといって「社会の法則」のような運命論に還元することもなく、社会的事実として語っています。

諸分野の成熟と分化が進むに連れ、「道徳科学」という表現との距離感を覚える分野も出てくるようになります。

たとえば、デュルケムは自分の研究を「道徳科学」と呼ぶことがあり、マーシャルも一時期、ケンブリッジ大学の「道徳科学」講師でした。両者とも高度な数学を用いています。しかし、両者の方向性ははっきりと分かれました。

デュルケムの研究は、その問題設定において、個人と社会のあるべき関わり方という価値の問題から離れることがありません。その意味では、方法は違っても、ヴェーバーと同じ方向を向いているのです。対して、マーシャルの研究は現実の雑多な要素を捨象し抽象化することで、経済現象の構造を抜き出そうとするものです。彼自身は、社会問題に熱い関心を持つ人だったのですが、彼の教えた新古典派経済学は、「〜すべきか」という、道徳や価値の次元からは独立で研究が可能な分野となっていたのでした。マーシャルは一九〇三年に「道徳科学」ではなく、「経済学」固有の講座を作ることに成功しています。[*27]

しかし、二〇世紀初頭までは経済学と社会学、そして他の社会科学系諸学（人類学、政治学および心理学の一部など）との間で、くっきりとした分類を行うのが難しいのも事実です。たとえば、資本主義と人間の搾取の問題について、哲学的、歴史的思索を行い、壮大な体系を打ち立てたカール・マルクスはいわゆる「マルクス経済学」の祖ですが、政治学や社会学の歴史においても必ず言及される人物であり続けています。また、デュルケムは文化人類学や心理学で言及されますし、ヴェーバーは歴史学や、経済学の歴史学派（歴史的手法を使う学派）に影響を与えています。[*28]

学部や学科の所属がどこにあるかも、地域により差があります。一九世紀以降に発展した「道徳科学」あるいは社会科学系分野は特にその多様性が顕著です。全体としては「社会学部」は少なく、「経済学部」を持つ大学が多いようですが、その内容はかなり違います。たとえば、欧州の経済学部では経済に関する歴史や思想の研究・教育が盛んですが、アメリカの学部では計量的な経済学教育が中心であったりします。

なお、経済学と社会学を中心に話を進めてしまいましたが、人類学、考古学、民族学（「文化人類学」の名称が今の日本では一般的）、心理学（精神医学とのつながりももちろん深い）など、他にも重要な分野が一九世紀の後半に輪郭をあきらかにしています。本書ではその全てを扱うことはできませんが、これらの分野についても、同様の複雑さがあることは断っておきたいと思います。

❹「文化の科学」と人文科学（あるいは人文学）の自覚

既に触れたように、「人文科学」という概念は一番あとに出現しました。自然科学が発展し、社会科学の一部がそれをモデルに一般化や法則を追究しようとする中、では、そうした方法がそぐわない諸分野の特徴と意義は何か、を考察する中からそれは生まれたのです（ちなみに、私は個人的に「人文学」ではなく「人文科学」を好んで用いる傾向がありますが、本書の中では「人文科学」と「人文学」は交換可能と思ってください。後で説明するように、この言葉遣いは、私がフランス語圏の文献をよく用いていることの影響があります）。

「人文科学」概念の成立に大きな影響を与えたのは、一九世紀後半におけるドイツの議論です。背景には、当時の学者たちに、自然界についての知識と、人間およびテクストについての知識という分類が強く意識されていたことがあります。

ハインリッヒ・リッケルトは、「自然」に対して、人間社会の「文化」を対置しました。「文化」は価値の序列についての判断を伴うものです。それは、人間にとって実生活のある部分が意味のあるものとして認識されるということでもあります。意味を与えることは、人間が織りなす現象にこそみられるのです。リッケルトは、そのような「文化的意義」を考察するための諸分野を「文化科学」(Kulturwissenschaft) と呼び、「自然科学」(Naturwissenschaft) と区別しました。

なお、一九世紀末の時点では、かならずしも「社会科学」と異なるものとして「人文科学」を捉えようとする傾向はみえません。ヴィルヘルム・ディルタイは、学問分類の中に心理学を位置付ける必要性を感じ、内的経験を扱う学として「精神科学」(Geisteswissenschaft 心理学を含む)、外的経験を扱う学として「自然科学」(Naturwissenschaft) があると主張しました。このうち前者の Geisteswissenschaft は、前節で紹介したミルの「道徳科学 (モラルサイエンス)」のドイツ語訳としても使われています (「モラル」がもともと、「人間の精神による善悪判断能力」、「習俗」など、広い意味を持っていたため、訳語としてはどちらも可能なのです)。また、ドイツ固有の文脈として考慮しなければならないのは、この「精神」(Geist) がヘーゲルの哲学における「精神史」の意味を帯びていることですが、ここでは深入りしません。

方法論の問題も論じられました。自然科学が普遍性、一般性を大事にするのに対し、人間社会を対象とする研究にとって、一回しか起きない歴史的出来事や、他と違う個性を持つ文化現象は重要です。むしろ、そのような、歴史的・個性的な対象の方が関心を集めるくらいでしょう（たとえば、「日本で工学教育が他国より早く根付いた理由」のような話を好きな人は結構いるはずです）。ヴィルヘルム・ヴィンデルバントは、個性記述的（idiographic）な学と、普遍一般的な知識を目指す法則定立的（nomothetic）な学という分類概念を提唱しました。

要は、「自然科学でないもの」をどう捉えるかが大事だったのです。たとえば、リッケルトの議論は、定量的な方法を用いない社会学者や経済学者にも影響を持ちました。事実、計量的方法から距離を置いていたヴェーバーは、リッケルトの議論を踏まえて、社会科学も「文化科学」であるとみなしています（『社会科学方法論』）。

しかし、同じ人間社会を対象にしていても、経済学や社会学など部分的にせよ定量化や一般化が可能な諸学に比べて、歴史学、文学研究、哲学は「個性記述的」で「文化科学」的な要素が強く、自然科学的な方法論とは馴染みづらい部分がありました。そのため、結果としてはそれらの分野が率先して、「人文科学」という名称を引き受けていくことになります。

「人文科学」的なまとまりの形成は、制度や時代の文脈も大きく影響しています。たとえば、今日では人文科学の「核」のようにみなされる文学の専門教育が大学に根付いたのは、ドイツ型の総合大学が各地に定着していく一九世紀末から二〇世紀初頭のことです。とりわけジョンズ・ホプキンス大学など、新しいタイプの研究大学建設が盛んであったアメリカでは、その時期に、「言語」や「文学」の専門教育・研究をする部局が出現しました。

もともと、詩など文学テクストを読むのは、ラテン語も含め、古典的な言語教育の枠組みや、文献学において行われていたことでした。そのため、当初は伝統を引きずった教育・研究が行われ、試行錯誤が続きました。しかし二〇世紀初頭には文学の形式や語りに着目し、作品を分析するなど、文学研究固有の方法論が固まっていったのでした。[*29]

人文科学と社会科学の境目は、当時から今日に至るまで線を引けないままです。「人文科学」概念のおおまかな範囲ですら、言語ごと、国ごとに違っています。

ドイツ語圏では、今でもディルタイに由来する精神科学（Geisteswissenschafeten）が、英仏語の人文（科）学の意味で用いられており、「社会科学」（Sozialwissenschaften）とは別のカテゴリーです。また、一九八〇年代以降は、英語圏のカルチュラル・スタディーズをはじめ、社会学、音楽学、メディア研究など「精神」というドイツ固有の概念から外れる諸分野が

「文化科学」（Kulturwissenschaften）と更に違う名称で呼ばれる傾向もあります。[*30]

フランス語圏では、一九二〇年代には人文科学（sciences humaines）あるいは人間科学（sciences de l'homme）という表現が定着しています（sciences humaines も sciences de l'homme も一八世紀に使用例がありますが、意味は違いました）。また、英語圏と異なり、絵画や彫刻などの芸術（arts）が人文科学とは区別されます。

英語圏では、伝統的な大学での古典語教育を意味した Humanities の語が、そのまま「人文学」の意味にすり替わりました。ドイツ語圏やフランス語圏と異なり、「科学」（wissenschaften, sciences）の意味を表す言葉がつきません。また、芸術諸分野も含めた Humanities and arts のような言い方もよくなされます。そのためか、社会科学（social science）など「科学」のつく科目群と人文学とを区別する意識が強いようです。

なお、日本の研究者は英語圏の影響を受けている人も多いため、「人文科学」より「人文学」を好む人は多いです。

「二つの文化」はあるのか？

「文系と理系に分けるのは日本だけ」という話をよく聞きます。日本については次の章で詳しく説明するとして、結局欧米ではどうなの?·ということを考えたいと思います。

欧米諸国では受験のときに「文系」「理系」の二つではなく、「人文」「社会」「理工医」の三つ、あるいはそれ以上に分かれるのが確かに普通です。

しかし、学問の分裂を「二つの文化」と捉える見方も、長らく存在してきました。いや、正確に言えば、二〇世紀初頭のリッケルトのように、二つに分ける考え方と三つ以上で捉える考え方が併存していたというべきでしょう。

その上で、影響力を持ったと思われるのが、一九五九年に英国人のチャールズ・パーシー・スノウが著した『二つの文化と科学革命』です。彼はその中で、「科学的文化」と「人文的文化」の隔絶を説きました。

スノウ自身は、両者が対立するべきではないとしながらも、アメリカやソ連といった国の理工系教育への意気込みを紹介し、「科学的文化」の方に軍配を挙げたため、物議を醸しました。

彼の主張の妥当性はここでは問いません。ただ、指摘したいのは、「学問は多様なんだけど、とりあえず二つに分けて考える」感覚が、それ以降、欧米でも定着しているようにみえるということです。

これまでに出版された本のデータから調べる限り、一九六〇年代以降、フランス語圏や英語圏で、人文社会科学（英 Humanities and Social Sciences、略してHSS：仏 sciences humaines et sociales）という単語の使用頻度は増加しています。英語圏ではとりわけ、HSSが自然科学・工学と医学（Science, Technology and Medicine、すなわちSTEM）と並べて用いられます。日本語で言えば、「人文社会系」と「理工医系」といったところでしょうか。「文系」「理系」ほど単純な二分法ではないですが、二つに分ける感覚は表れています。

とはいえ、「人文社会」「理工医」は、学問の内実だけではなく、大学教育が発展した経緯など、制度的な事情を大いに孕んでいるのも事実です。それがなければ、諸学問を二つに分ける理由はないのでは、そして、本来、諸学は一つなのではないか、という議論も成り立ちます。

それに対する私の現時点での答えは、イエスであり、ノーでもあります。確かに、「人文社会」「理工医」の二つに分ける区別は絶対ではない。しかし、諸学は一つとも言えない。そこには少なくとも、二つの違う立場が存在するのではないか、と思うからです。

思い出して欲しいのですが、この章ではかなりページを割いて、自然科学と人文社会科学の諸分野が、それぞれの固有の対象を見つけて、宗教や王権から自律していく経緯を描きました。そして、その自律には、主に二つの異なる方向性がみられます。

一つは「神の似姿である人間を世界の中心とみなす自然観」から距離を取るという方向性です。それは、人間の五感や感情からなるべく距離を置き、器具や数字、万人が共有できる形式的な論理を使うことで可能になりました。文字通り、「客観的に」物事を捉えようとしたわけです。その結果、たとえば地球は宇宙の中心ではないし、人間は他の動物に対して特別な存在でもないという自然観につながりました。

もう一つは、神（と王）を中心とする世界秩序から離れ、人間中心の世界秩序を追い求める方向性です。すなわち、天上の権威に判断の根拠を求めるのではなく、人間の基準でものごとの善し悪しを捉え、人間の力で主体的に状況を変えようとするのです。その結果、たとえば、この世の身分秩序を「神が定めたもの」と受け入れるのではなく、対等な人間同士が社会の中でどう振る舞うべきかをさぐったり、人間にとっての価値や意味を考えたりするための諸分野がうまれました。

すなわち、前者にとって、「人間」はバイアスの源ですが、後者にとって「人間」は価値の源泉であるわけです。

断言はできませんが、どちらかといえば、前者は理工系、後者は人文社会系に特徴的な態度といえるでしょう。もちろん、経済学の幾つかの学派や、医学のように、どちらともいえない分野もあります。

いずれにせよ、両者は共に何らかの権威から自律することで近代的な学問となったのですが、別の方向を向いています。そこには、完全には融合しきれない、違いが残り続けるのではないでしょうか。

*1 マルティン・キンツィンガー『中世の知識と権力』井本晌二、鈴木麻衣子訳、法政大学出版局、二〇一〇年、一三－一四章。

*2 J. Lear, "Aristotle's philosophy of mathematics", *The Philosophical review*, 1982, 91(2), 161-192.

*3 Stephen Parcell, *Four Historical Definitions of Architecture*, Montreal, McGill-Queen's University Press, 2012, 53-58.

*4 クリストフ・シャルル、ジャック・ヴェルジェ『大学の歴史』岡山茂、谷口清彦訳、白水社、二〇〇九年。

*5 ジョン・ヘンリー『一七世紀科学革命』東慎一郎訳、岩波書店、二〇〇五年、第三章。

*6 ガリレオ・ガリレイ「偽金鑑識官」山田慶児・谷泰訳『ガリレオ』豊田利幸責任編集（世界の名著26）中央公論社、一九七九年、三〇八頁。Galileo Galilei, 'Il Saggiatore (1623)', *Opere di Galileo Galilei*, Vol.2, Milano, 1832, 13（原典参照しつつ訳文を一部変更した）。

*7 Robert Frodeman et al. ed., *The Oxford Handbook of Interdisciplinarity*, Oxford, Oxford University Press, 2010, 88-90.

*8 Antonella Romano, *La contre-réforme mathématique: constitution et diffusion d'une culture mathématique jésuite à la Renaissance (1540-1640)*, Paris, École Française de Rome, 1999.

*9 市川浩編著『「科学の参謀本部」――国際共同研究：ソ連科学アカデミー』北海道大学出版会、二〇一六年、一三－三七頁。

*10 隠岐さや香「パスカルの生きた時代と科学のアカデミー」『数学文化』第一八号、二〇一二年九月号、四四－五七頁。長尾伸一『ニュートン主義とスコットランド啓蒙：不完全な機械の喩』名古屋大学出版会、二〇〇一年。山本義隆『古典力学の形成：ニュートンからラグランジュへ』日本評論社、一九九七年。

*11 中村征樹「近代フランスにおける技術教育の展開：技師集団と職人層の技術知の想像と共有をめぐって」東京大学博士論文、二〇〇五年、一四頁。古川安『科学の社会史：ルネサンスから20世紀まで』南窓社、二〇〇〇年。中根美知代他共著『科学の真理は永遠に不変なのだろうか：サプライズの科学史入門』ベレ出版、二〇〇九年、第五章。

*12 Lorraine Daston and Glenn W. Most, "History of Science and History of Philologies", *Isis*, Vol. 106, No. 2, June 2015, 378-390.

*13 Rens Bod, *A New History of the Humanities*, Oxford, Oxford University Press, 2013, ch. 4.1-4.2.

*14 J・M・アポストリデス『機械としての王』みすず書房、一九九六年、第四章。

＊15 Véronique Le Ru, « L'aigle à deux têtes de l'Encyclopédie: accords et divergences de Diderot et de D'Alembert de 1751 à 1759 », *Recherches sur Diderot et sur l'Encyclopédie* [En ligne], 26 | avril 1999, mis en ligne le 04 août 2007, consulté le 30 septembre 2016. URL : http://rde.revues.org/1011 ; DOI : 10.4000/rde.1011

＊16 Skornicki Arnault, « La découverte de l'économie, entre science et politique », *Dix-huitième siècle*, 2014/1 n° 46, 253-267. Keith Michael Baker, *Condorcet: From Natural Philosophy to Social Mathematics*, Chicago and London, Univ. of Chicago Press, 1975, ch.4.

＊17 Gerd Hohendorf, "Wilhelm von Humboldt, 1767-1835", *Perspectives: revue trimestrielle d'éducation comparée* (Paris, UNESCO: Bureau international d'éducation), vol. XXIII, n°3-4, 1993, 685-696.

＊18 佐々木力『科学革命の歴史構造』下巻、講談社学術文庫、一九九五年、第四章。

＊19 Emmanuel Kant, *Le Conflit des Facultés et autres textes sur la révolution*, Traduction, notes et postface de Christian Ferrié, Paris, Payot, 2015, 58-72.

＊20 小澤幸夫「カントの大学論――『学部の争い』」『国際経営論集』第三五巻、二〇〇八年、六三―七一頁。

＊21 中根美知代他共著『科学の真理は永遠に不変なのだろうか』第五章。村上陽一郎『工学の歴史と技術の倫理』岩波書店、二〇〇六年、第三章。

＊22 Alfred Charles True, *A History of Agricultural Education in the United States,* 1785-1925, Washington, 1929, Part 3.

＊23 Baker, *Condorcet,* Appendix. Google Ngramでもその傾向は確認出来る。

＊24 以下、経済学史に関連するところは適宜次を参照した。馬渡尚憲『経済学史』有斐閣、一九九七年。坂本達哉『社会思想の歴史』名古屋大学出版会、二〇一四年。

＊25 Julien Vincent, "Les'sciences morales et politiques': de la gloire à l'oubli?", *Revue pour l'histoire du CNRS*, No.18, Automne 2007, 38-43.

＊26 Johan Heilbron, *Naissance de la sociologie*, 1990, traduit du néerlandais par Paul Dirkx, Paris, Agone, 2006, ch. 3-3.

＊27 James E. Alvey, "A Short History of Economics as a Moral Science", *Journal of Markets & Morality* 2, no. 1, Spring

1999, 53-73.

*28 Essè Amouzou, *Histoire critique de la sociologie*, Paris, L'Harmattan, 2011, ch.1.

*29 Bod, *A New History of the Humanities*, 256-258, 326-328. Gerald Graff, *Professing Literature: An Institutional History*, Chicago and London, University of Chicago Press, 1987. および注12の文献。

*30 Seite "Kulturwissenschaft" In: Wikipedia, Die freie Enzyklopädie. Bearbeitungsstand: 2. April 2018, 22:29 UTC. URL: https://de.wikipedia.org/w/index.php?title=Kulturwissenschaft&oldid=175704304 (Abgerufen: 10. Mai 2018, 17:32 UTC). その他、カロリン・フンク氏、セバスチャン・ブロイ氏から助言を得た。

第2章

日本の近代化と文系・理系

東アジアにおける学問体系――「道」と「学」・「術」

日本に西洋の人文社会科学や自然科学が体系的に導入されるのは明治維新、すなわち一九世紀後半のことです。文系、理系という進路選択が問題になるのは当然ながら、そのあとのことです。では、それより前には学問について、人々はどのような考え方をしていたのでしょうか。

当然ながら、日本独自の知の営みもあったのですが、その前に、長きにわたり東アジアのエリート層が共有していた漢文（古代中国の文語文）による学問体系の存在に触れなければなりません。

近代より前の東アジアにおける漢文は、中世のヨーロッパ諸国にとっての古代ギリシア語、ラテン語と似ています。そして東アジアでは、西洋とは違った形で学問の規範を育てていました。たとえば、古代中国の知的文化において重視されたのは、生きるための思想あるいは原理である「道」を追求することです。そのための教養とみなされたのが、儒教や道教のような人間にとっての規範を説く分野およびそのために必要な歴史知識であり、これらは「学」と呼ばれました。それに対して天文学や数学、医学、農学、戦術・兵法などの「術」は特定の専門家だけが学ぶものとされ、「学」よりも低い扱いでした。[*1]

特に儒教は、統治する者、あるいは統治者に仕える官僚のような人々が学び、信ずる教えとして最も重視されました（ゆえに官吏登用試験である科挙において必須となったのです）。それにより、家庭の私生活から政務など公的生活にいたるまで、人としてあるべき生き方と社会秩序を保つためになすべきことがわかるとみなされていたからです。

「術」は低い扱いを受けたとは言え、やはり官僚機構に必須の専門的知識でした。たとえば、中国には高度な天文学が存在していたことが知られていますが、これは歴代王朝が暦を精密化するため、行政機構の一部が継続的な観測を続けていたことに由来します（世界で最も古い太陽黒点の観測記録があるのは中国です）。また、世界で最も古い算術書の一つである『九章算術』（紀元前一〇世紀～二世紀）からは、古代より徴税、測量術など、行政に関係した数学が官僚たちにより担われていたことが窺えます。

日本の場合は中国の科挙のような官僚登用試験も官僚機構も発展はしませんでしたが、やはり古来より中国の学問は意識して取り入れ、部分的には、暦を作る役職など類似の機構を発展させてもいます。たとえば江戸時代ですと、天文方という役職が幕府に存在していました。なお、民衆は基本的に、知的であることを期待されていませんでした。

一六世紀にイエズス会の宣教師たちが東アジアに到達し、当時の西洋の学問や技術を持ち込むと、鉄砲などの武器や望遠鏡などの観測機器、測量技術が人々の目を引きました。しかしこの時点では、東アジアの学問に大きな影響を残すことはありませんでした。当時の日本人や中国人は、宣教師たちの天文学知識や測量技術、兵器など「術」に関わる部分を器用に取り入れるに留まったのです。

日本人にとっては、中国から輸入された諸学と、国内で独自に発展させた学問とで大半の用は足りていたのです。たとえば一七世紀末には関孝和が中国渡りの天元術という代数方程式の計算法に該当するものを改良し、日本独自の数学、和算を発展させています。和算は西洋数学の積分に相当する方法を見つけるなど高い水準に達しただけでなく、暦の改良や測量といった実用にも貢献していきました。[*2]

西洋の科学・技術が部分的にせよ東アジア世界に取り入れられる一方で、西洋人宣教師らの布教は厳しく弾圧されました。キリスト教の信仰のように、生き方の根幹（先の例で言えば「道」）に影響を与えうる思想が、ある土地で入れ替わることの難しさが窺えます。

なお、このように書くと「道」を説く「学」の諸領域と専門知である「術」の諸領域がまるで文系と理系に対応するかのように誤解されるかもしれませんが、全く違います。「自然」と「社会」とがはっきりとは区別されない当時の東アジアの精神世界では、「自然のことを考える」ことと「社会や人間について考える」こととは区別されず、混じり合っていました。自然科学と人文社会科学という区別が生じようもなかったのです。

たとえば儒学は自然環境の問題（木を切りすぎて森林資源を損なってはいけないなど）も為政者の考慮するべきこととして論じています。また、日本でも中国でも、洪水やひでり、地震などは単なる自然災害ではなく、悪い為政者に対する天の警告と捉えられ、政治的な解釈がされました（いわゆる「天譴《てんけん》」思想[*3]）。

現代人にとって、前者はともかく、後者は迷信にしか感じられないでしょう。しかし、当時の状況を考えれば一定の合理性もありました。たとえば為政者が無理な河川工事を行って、それが本当に近隣の村落に水害を引き起こしたとします。先に述べた考え方だと、政府や被害に遭った住民が細かい科学的な検証をせずとも、自動的に為政者の責任を問えることになります。民主的でもなく、人々の識字率や科学リテラシーが現代のように高くはなかった時代には、「天の警告」のような考え方が、結果としては為政者に慎重な振る舞いをさせる仕組みとして機能していたといえるでしょう。

なお、最後に簡単に、日本と中国における学問と社会の関わり方の違いについて触れておきます。明朝や清朝の中国は基本的に、学問に通じた文官（官僚、科挙を勝ち抜いた人々）が武官（軍）を従えるというヒエラルキーがはっきりしていました。すなわち、熾烈な競争を勝ち抜いて科挙に受かれば原則としてはどのような出自の者もエリートになれるという意味では比較的「平等」なのですが、武官やその下に続く一般庶民が学問と遠くなる傾向もあったのです。

対して江戸時代の日本は、武官が各国の領主を束ねて統治する分権国家であり、科挙はありません。そのため武家に生まれなかった者は学問で立身出世することが叶いませんでした。その意味では不平等なのですが、しかしその分、学問を学んだ町人層が独自に塾を開いたり、書物を著したりといった活動が活発であったようです。[*4] すなわち、知的才能が一つの決まった進路や階層に吸い上げられず、地域に留まり、結果としては知のあり方が分権的で、流動性が保たれていたと言えるでしょう（高度に理論化された専門知を一部の人が担っているのではなく、アマチュア的な知の担い手がたくさんいた世界といってもいいのかもしれません）。

「蘭学」の経験と江戸時代日本

一九世紀前半までの東アジアにおいて、文明の中心地は中国でした。そして、伝統的な中華文明の序列において、日本は武人政権の辺境国との位置づけでした。周辺諸国に文化を発信して影響を与えることは滅多になく、大陸から文物を受け取る側であり続けていたのです。

しかし、一九世紀半ばになると産業革命を経た西洋列強が、その軍事力と技術力を背景に本格的な世界進出を始めます。植民地化の脅威にさらされた東アジア諸国は対応を迫られることとなり、政治的危機が訪れました。

日本は西洋の学問を体系的かつ迅速に取り入れ、比較的短い期間に近代化を成し遂げた国といわれています。それが可能となった要因としては、日本が武官政権ゆえに実用的な技術への関心が高く、西洋の軍事技術を取り入れることにも躊躇いが少なかったこと、危機に際し、比較的小回りの利く分権的な政治体制の国であったことなどをあげることができます。

特に後者について述べておくと、江戸時代末期の日本は文化や技術については、ほぼ地方分権が成立していました。そのため、あちこちの大名領が独自に西洋から部分的に知識や技術を取り入れ、競ってそれを試す「実験」を行うことができたのです。たとえば、佐賀県（鍋島藩）、鹿児島県（薩摩藩）には、西洋の大砲製作術から兵糧としてのパンの製作まで試された形跡が残っています[*5]。この経験が幕末から明治にかけての本格的な学問の輸入に役だったといわれます。

では、「文系と理系」という発想すらなかった当時の日本社会は、異質な分類体系を持つ西洋の諸学問とどのように接触していったのでしょうか。江戸時代から順を追って考えてみたいと思います。


先に述べたように、一九世紀より前でも東アジアの人々は西洋の学問を選択的に取り入れていました。政治や人生に関わる価値観の部分はそのままに、役に立つ、気になる知識や技術をつまみ食いするように受け入れてはいたのです。そして日本は他国に比べると、早い時期から、広い範囲の人々が少しずつ西洋の様々な学問分野に触れることができていました。その様子を伝えるのが、一八世紀から一九世紀初頭にかけての「蘭学」や「洋学」のブームです。

日本では、カトリック・キリスト教を国内から閉め出し、しばらくの間ヨーロッパ文化を拒絶していましたが、一八世紀になるとキリスト教に関係のない知識、書籍の研究は放任されるようになります。特に一七二〇年、将軍徳川吉宗により漢訳洋書の解禁、すなわち中国語訳された西洋の書物の入手の許可がなされると、一気にオランダを経由してもたらされる西洋の文物への興味が高まりました。これがいわゆる「蘭学」ブームです。

特筆すべきは、この蘭学ブームが一部の為政者階級や知的なエリートの間に留まるものではなく、市井の商人や職人に至るまで、幅広い層を巻き込んだことです。出島への滞在と通商を許されたオランダ人と接触した日本人には士族から町人まで、比較的広い出自の人々がいたからです（実際にはオランダの船に乗ってオランダ人のふりをして、ヨーロッパ各国の国の人々が訪れていたといわれますが、そのことはひとまず脇に置いておきます[*6]）。

この経験は、日本の広い地域で人々が西洋の文化に部分的に触れ、外の世界に対する継続的な関心を養う結果となりました。それは、たとえば、中国においてイエズス会の宣教師たちが宮廷の中で役割を与えられつつも、一般の人々とほとんど接触がなかったこととは対照的といわれます。

市井の人々にとっての蘭学は基本的には視覚的な驚き、面白さを核として、広く楽しまれました。そのため、望遠鏡や顕微鏡のような科学器具、ガラス細工などの工芸品、そして遠近法を用いた絵画などがひとしく珍しく好奇心をそそるものとして受け入れられていきました。

蘭学者、杉田玄白は『蘭学事始』（一八一五年）で、オランダからの様々な器具がどれだけ人々の心を捉えたか述べています。晴雨計、温度計、ライデン瓶（静電気を集める瓶）、幻灯機、時計など、その対象は、日用品から嗜好品、科学的計測器具まで多岐にわたっています。[*7]

望遠鏡などは国産化され、日用の道具としても使われました。漆塗りの美しい望遠鏡も作られ、工芸品として嫁入り道具の一部となることもありました。

遠近法で描かれた絵画や銅版画などの芸術品は浮世絵画家の表現に影響を与えました。また、詳細な解剖図や植物観察図も新鮮な驚きと共に受け入れられ、蘭学者たちによるオランダ解剖書の翻訳や、解剖の実施などにもつながりました。

とはいえ、蘭学は単に面白おかしい文物との遭遇であったわけではありません。背景には、徳川吉宗や新井白石など幕府関係者がオランダを経由してもたらされる西洋文化に強い関心を持っていたこと、そして殖産興業や暦の改良といった実用的な目的に役立つ知識がそこにあると見抜いていたことがありました。

蘭学の水準とその特徴をよく表しているのは、オランダ通詞の志筑忠雄《しづきただお》による翻訳業です。彼は天文学・力学の入門書を訳した『暦象新書』においてニュートンやケプラーの地動説などを紹介しましたが、同時にそれを朱子学の陰陽論と関連づけようとしました。朱子学と西洋の自然科学（あるいは自然哲学）を連続するものとみなしていたのです。なお、今でも使われる「遠心力」「求心力」「重力」「加速」などの訳語はこの時生まれました。[*8]

幕末が近づく一九世紀前半になると、英語やフランス語を学んで知識を取り入れる動きも強まり、この二つの言語を中心に西洋の知識を輸入する営みが「洋学」と呼ばれることも増えます。また、切迫する政治情勢を反映して、好奇心中心ではなく、より実用的な分野へと関心が移っていきます。砲術、築城術、航海および造船術などの軍事技術や、医学、ならびに産業政策など経済に関連する学術書も読まれました。すなわち、幕末の洋学は基本的に理工医系の教養が中心であり、人社系に関わるものは経済学が少しという状況だったといえます。

「窮理」としての科学・技術

江戸時代の人々は「科学」(science) という概念は持っていませんでしたが、蘭学を通じて、少しずつ西洋的な自然科学の本質を理解し始めたようです。特に蘭学者は、西洋人が世界中から情報を集め、詳しくものごとの本質や仕組みを調べようとしている、すなわち「理《ことわり》を窮め」ようとしている、と解釈しました。ここで「理を窮める」というのは、儒学、特に朱子学における「窮理《きゅうり》」という概念に相当します。

このような「窮理」の理解は朱子学の正統的解釈ではなく、当然ながら大半の儒学者は賛成しませんでした。[*9] しかし、いずれにせよ当時の蘭学者は、儒学の枠組みを転用することで、西洋の「科学」の本質が何であるのかを、ある程度は類推することができたのです。また、当時の日本はよくも悪くも分権的でまとまりがなく、仮に儒学者が反対しても、蘭学者が自由に活動を行う余地があったのが幸いしました。

こうした経験を経て、明治維新前夜となった一八六〇年代には、日本人は西洋の「窮理」を単に好奇心をみたすためのものとはみなさなくなっていました。こんなエピソードがあります。若き長州の武士、高杉晋作は、留学先の上海で出会った中国の文人と筆談で語り合いました。その時、西洋の「窮理」を巡り、ちょっとした議論になりました。その文人の立場は次のようなものでした。西洋の「窮理」は「術数」にすぎないが、朱子学の「窮理」は修身、すなわち人格を陶冶し天下国家を考えるためのものである。だから、より重要だというのです。しかし高杉は同意しませんでした。

ここで「術数」とは、「数術」ともよばれ、一般には自然の中に現れる数や形を解釈して未来を占ったり、政治へのメッセージを読み取ったりする営みを指します。すなわち、中国古来のいわゆる占術と、暦算のための天文学や数学をあわせたものでした。[*10] それは文字通り、数を用いる「術」でもあります。この文人は、この章の冒頭で述べたように、「術」である科学や技術的な諸分野を低く見る伝統的な発想を持っていたのでしょう。

対して、高杉は人格を高めるだけでは天下を治めることはできないとして、「航海砲術器械等」の探求を可能にする西洋的「窮理」の重要性を主張したのでした。現代的な視点から見れば、かなり軍事技術に偏った主張です。しかし、当時の若き高杉の危機感が表れているのでしょう。事実、列強の半植民地となりつつある中国の様子に衝撃を受けた彼は、その後取り憑かれたように西洋の蒸気船や大量の武器を購入しようとして、当時はまだ危機感の薄かった藩の上層部に止められています。[*11]

「窮理」という朱子学に由来する枠組みを使いながらも、軍事技術習得のためには西洋の諸学問を学ばなければならない、という考え方は幕末には一般的になっていました。幕府も開国後の一八五六年には、翻訳・調査業務を行う蕃書調所《ばんしょしらべしょ》を開設して洋学の研究・教育を行っています。一八六〇年にはそこに化学研究を行う精錬方《せいれんかた》も設置されました。この組織は明治維新後に開成学校と名を変え、後の東京大学を構成する組織の一つとなります。長崎でオランダ海軍から技術や数学を学ぶ海軍伝習も始まりました。[*12]

ただし、その一方で西洋的「窮理」への関心は単なる実用や技術への興味に留まらないものでした。明治元年にあたる一八六八年、福澤諭吉は『訓蒙窮理図解』という本を出版していますが、内容は天体運動や万有引力、空気の存在など、西洋の天文学と物理学が中心です。それは「物理の原則」をあきらかにして、伝統的な東アジアの（すなわち朱子学が唱えるような）自然像や、巷に残る迷信を否定する、といういわゆる啓蒙書でした。このあとも似たような啓蒙書が次々と出版され、「窮理熱」とも呼ばれるブームとなるのですが、意外にも化学や機械技術のような実用的な分野を扱ったものは少なかったようです。

このように、明治初期になると「窮理」の語を西洋諸学のなかでも自然科学、とりわけ物理学と近い意味で用いられる例が目立ちます。しかし、文系・理系と内容を分ける感覚はこの時点でもまだはっきりしていません。そもそも、日本人はこの時点で人文・社会科学にあたる諸分野の大半を知らないのです。先の本を出版した福澤の目的も、「洋学者」として、従来の「漢学」へのこだわりを人々の心から取り除くことにありました。[*13] 要するに欧米の学問を取り入れるか、東アジアの伝統的な学問か、という選択が目下の大問題であり、西洋の学問体系の中にある分類の問題にはさほど関心が及んでいなかったのです。

明治初期における日本の人々の学問観をよく表しているのは、津田真道《つだまみち》の定義でしょう。

彼は、仏教と儒学を「高遠ノ空理」を論じる「虚学」とみなし、西洋の「格物化学医学経済希哲学ノ如キ」は「実学」とみなしています。[14] ここで「格物」はほぼ窮理、すなわち物理と同じ意味です。化学や医学、経済は確かに実用性を感じさせる分野です。しかし「希哲学」は philosophy の訳語、すなわち哲学のことです。

今の感覚では哲学を「実学」といわれても、すぐにはぴんとこない人も多いのではないでしょうか。少なくとも、大学の進路選択のときに医学と哲学を同列に並べて考える人は少なそうです。しかし、津田にとってはいずれも現実的対象を経験的に扱うという意味で「実学」とみなしてさしつかえのないものだったのです。

福澤や津田のように、幕末から明治の初頭に活躍した人々は「実学」という言葉のうちに、実証による「真理の探究」と実際に「役に立つ」ことの両立を見ていました。そのため、両者をあまり分けて考えていなかったようです。たとえば福澤の『学問のすゝめ』にも、「天文・地理・器械・数学」と、理論科学と技術の領域を区別することなく「有用」なものとして並列する表現もみられます。[15]

「道」としての西洋

「実学」や「窮理」への関心だけが明治の人々を西洋の学問へと向かわせたわけではありません。既に幕末の時点で、本居宣長の孫弟子、中島広足《なかじまひろたり》は、「西洋の諸国とても、窮理学の外に、各其国民をなづけみちびく道別に有て、それ即国民の心を一致せしむる術」と考えていました。

ここで中島が念頭に置いていた「道」は端的に言えばキリスト教のことでした。彼はそれを無教養な民を「だまし」従わせる術と考え、その上で、支配のために便利な道具だと評価するような書き方をしています。民主主義的な価値観とはかけ離れていますが、ここで注目したいのは、西洋世界にも、理詰めの学問以外に、社会で共有される価値の体系が存在すると彼が見抜いていることです。[*16]

明治期に入ると、更にそこから踏み込み、西洋諸国の繁栄という事実を根拠に、西洋の文明にならうべき「道」があると考える人も現れます。そもそも civilization の訳語としてあてられた「文明」の語は、洗練され徳が光り輝くという意味を持つ儒学の用語です。西洋に「文明」を見いだした時点で、そこに繁栄と道徳が実現されている、との認識があるのです。

そして、それを実現するために、西洋文明の根幹をなす（と彼らが考えた）道徳観を身につけなければなりません。そのために考えられた方法は、直接にキリスト教を輸入するか、または何らかの価値体系を伝える思想・哲学を輸入することでした。前者の場合は宗教を、後者の場合は西洋の人文社会科学を参照することになります。

中村正直や森有礼らは、日本を直接キリスト教化した方がよいと考えました。他方、福澤諭吉、津田真道など、明治初期の啓蒙的な論者の多くが参照したのは英国の自由主義(liberalism)の系譜に連なる政治経済思想書でした。[*17]

自由主義においては、個人が自由で独立した存在であることが政治の公正さを導き、かつ経済活動を活性化させ、社会全体の益につながるとの発想に立っています。政治思想として重要なだけではなく、近代経済学の基礎を成す考え方です。有名な思想家には、ジョン・スチュアート・ミルなどがいます。それは、身分制を肯定し、上下の社会秩序を重んじる儒学的な世界観とは異質のものでした。

特に福澤の主張は有名です。彼は一人一人が、理性的思考を行える独立した個人にならねばならないと考えていました。それが彼にとっての辿るべき「西洋の道[*18]」なのです。

なお、明治初期の人々が訴える「自由」を、個人の意思決定や、ライフスタイルの自由など、現代的な意味には取らない方がよいでしょう。たとえば福澤の場合、この時点の彼の関心を占めているのは、植民地化されないため「民族の独立」「国家の独立」をどう作り上げるかという問題です。有名な話ですが、後に福澤は、西洋人のように「独立した」考えを持つ人々からなる民族＝日本が、やはり西洋人のように他国を植民地化することを正当化していきます。

ところで、西洋を「道」の先達と位置付けたとしても、進むべき近代化を方向付ける思想や学問の選択は、容易には決まりませんでした。福澤らより僅かに下の世代には、革命の経験を持つフランスの民権思想（とくに共和主義）に通じた中江兆民、板垣退助や、英国の議会制度をよく理解した馬場辰猪《ばばたつい》のような人々が現れ、自由民権運動における活動を通じて、天皇の権力に依拠しつつ専制主義に留まる明治政府への違和感をつきつけます。

最終的に、西洋にならうための「道徳」的よりどころとして明治政府が導入したのは、キリスト教の代替物としての「皇室」崇拝であり、それを前提にした国家神道でした。大日本帝国憲法が発布される一八八〇年代末のことです。

かつて批判された儒教もそのための道具となり、西村茂樹のように、洋学に通じながらも、儒学を適宜作り替えて新しい道徳を作ろうとした人々が活躍しました。そして天皇が儒教的な徳目を臣下に与えるとの形式を取った「教育勅語」が各学校に配付され、キリスト教など他の宗教教育は原則禁止されたのです。また、英仏的な政治思想の影響下にあった自由民権運動もその頃、激しく弾圧され、衰退していきました。[19]

「文」と「理」観の形成——学問制度と官僚制度

明治時代の日本が出会ったのは、様々な分野に細分化した諸科学でした。しかし、諸学の全体を文系・理系と分けるような捉え方が形作られていくのには、かなり時間がかかりました。順を追ってみていきたいと思います。

まず、「専門分化」する学問そのものの発見がありました。一八七〇年代に行った講義、「百学連環」で西周《にしあまね》はまさにそのことを指摘し、学者一人一人が一つの分野あるいは「ディシプリン」の専門家となり他の分野は修めないことに驚いています。これまで見てきたとおり、東アジアにはそのような考え方はありませんでした。[20]

明治初頭の日本は幕府による洋学の教育制度を受け継いでいましたが、先に見たようにその中身は、言語学習や地理・歴史を除けば、軍事技術に関係のある自然科学諸分野が中心でした。幕末期の一八六三年の時点で、西は、当時の日本には「内政上および施設の改良を行うためにも、より一層必要な学問」が欠けているとの認識を示しています。それらは「統計学・法律学・経済学・政治学および外交の学等」でした。社会科学に相当するものが欠けていたのです。

福澤諭吉の関心が日常的な実用知識に傾斜していたのに対し、西周は西洋の近代的諸学問全体を体系的に日本に伝えようとしました。すなわち実学ではなく、ドイツ語でいうWissenschaftや、英仏語のscience（本来は自然科学に限らない）の体系をあますところなく伝えようとしていたのです。

ただし、このときの西の主眼はどちらかというと、諸学が連環しながらもばらばらに「切れている」ことの重要性にあったようです。学問の細分化、いわゆる「タコツボ化」が批判され、諸学の「つながり」が強調される現代からすれば意外ですが、それほどまでに当時は専門分化という発想が新鮮だったのです。

西は一八八〇年代初頭にscienceに「科学」という訳語をあてはめたことでも知られています。この言葉は漢語からの借用ですが、「分科の学」、すなわちばらばらに分かれている学問という意味があります。科学史の分野では、この「科学」という語のせいで、本来のscienceの意味が日本人に伝わりづらくなったといわれています。第一章で確認したとおり、もともと、science は知識や学問そのものを指すラテン語 scientia に由来するわけですが、「科学」の語からそのニュアンスは伝わってきません。

西には、文系、理系の用語に関する揺らぎもありました。既に幕末から洋学者らが「窮理」を自然科学、とりわけ physics（物理学）の訳語としても用いていました（そして、西洋の学問に「理」があることを認めたくない朱子学者と対立していました）。しかし、オランダで学問体系について学んだ西は、自然科学だけではなく、人文社会科学にも道理、理性が存在すると考えたのです。そこで、彼は大学教育を考える際に、文科系専門科目を「心理上学」、理科系専門科目を「物理上学」と呼ぶことを提案しました（ただし、歴史、地理学、文章学、数学は「普通学」として全ての分野に必要な教養とみなし、専門科目（「特別学」）である「心理上学」「物理上学」とは区別しました[21]）。同様にして、中江兆民も philosophy の訳語を「哲学」ではなく「理学」にするべきと主張しました。

学者たちの間で学問分類についての議論は続きましたが、「文」や「理」の用語は学校制度や官僚制度の改革を通じて、少しずつ世に定着していきます。

既に一八七二年には学制が公布され、小・中学校で理科が教えられることや、将来作られる大学に法・医・数理・理・化学の各学科が作られることが示されました。

一八七七年になると東京大学が設立され、法・理・文・医の四学部が置かれています。「法学部」、「理学部」、「医学部」はそれぞれ、開成学校や東京医学校など、幕府から引き継いだ実務系の学校を前身としていましたが、「文学部」はこの時、新しく作られたものでした。

ただし、この時点でも、依然として言葉の使い方が今とはずれています。たとえば、「文学部」には「哲学」、「史学」と「和漢文学科」などの人文系だけではなく、「政治学科」などの社会科学も含まれていました。しかも程なくして史学は適切な教授がおらず[22]、学生が少ないことを理由に削られ、「理財学」すなわち経済学と取り替えられてしまいます。「理学部」も化学、数学、物理学、天文学、生物学などいわゆる理学系の学科だけではなく、「工学科」、「地質学および採鉱学科」など、工学の分野を含んでいました[23]。

一八八六年には、東京大学が「帝国大学」と改称し、世界で初めて工学部を備えた総合大学となります。同大は、法科、医科、工科、文科、理科の分科大学（現在の「学部」に相当）と大学院から構成されました。官営の公共事業を管轄していた工部省が廃止され、同省の人材育成機関であった工部大学校をもらい受けたことがその発端でした。理工系教育の歴史においては、革新的と評価される出来事です。これまで欧州では、法や医学などの諸分野を有する総合大学に工学部が存在したことはなかったからです。先に述べたように、大学が伝統的にラテン語で教養を身につける階級の行く場とされており、そうではない技術者は一段低い扱いを受けていたという事情がありました。

経済学は最初、法科や文科の学部の中で教えられていましたが、一九一九年には東京帝国大学と京都帝国大学で経済学部が設立されています。農学部も九州帝国大学で初めて設立されました（単科の「農科大学」は既に北海道と東京にありました[*24]）。

ただし、一般的な「文系・理系」の概念に最も影響を与えたのは官僚制度と中等教育なのかもしれません。明治の早い時期から、殖産興業や土木公共事業に関わる技官、行政において法務に携わる文官の役割分担はかなりはっきりしていました。更に一八八〇年代から九〇年代にかけては、文官の登用制度が整備され、高等文官は法律に関する試験を要する専門職となります。

その結果、官僚の世界で早くも「二つの文化」的な摩擦が起きることとなります。なぜならその結果、同じように大学を出て官僚を目指しても、理工系の技官は、行政官の幹部となることが難しくなってしまったからです。たとえば、全国の河川・道路関連公共事業を担った内務省土木局のような技官中心の部局でも、法科出身の文官が長となり、技官は補佐役止まり、といったことが相次いだのでした。技術官僚はかつてのような影響力を行使できなくなり、鬱憤をためるようになりました。[25]

すべての分野を「文」「理」と二分類する表現が明確に見られるのは、時代が大分下って、一九一〇年代です。中等教育について定めた第二次・高等学校令（大正七年勅令第三八九号）の第八条に「高等学校高等科ヲ分チテ文科及理科トス」との文言が入ります。文科は法、経済、文学、理科は理、工、医という区分です。これ以降、大学入学試験の準備段階で、文系志望・理系志望に二分する方式が定着していくのです。同時期の英独仏の大学入試制度ではここまでの徹底は見られません。背景には、日本の大学が、まずは法と工学の実務家育成を目的に作られ、そのための選抜機関として機能していたことがあるのでしょう。それは、共通試験に受かればどの学部でも選べるドイツ式の「学問の自由」とも、数学から古典まで幅広い知識を競う英国のエリート大学とも違うモデルでした。

戦争の足音と苦悩する人文社会科学

既に見てきたように、西洋でも、いわゆる哲学、文学、歴史などを含む人文科学の定義が問題となるのは一九世紀末のことです。国ごとに状況の違いもありました（第一章参照[26]）。

日本はドイツの学問に強く影響を受けていましたので、一九一〇年代には、リッケルトが提唱したKulturwissenschaft（直訳は「文化科学」）の訳語として「人文科学」の語が導入されています（ただし、当時は「精神科学」という表現も使われ「人文科学」という表現が実際に普及するのは一九四〇年代のことですが）[*27]。

当時は、自然科学と、それをモデルにした社会科学が発展していく状況に押され、哲学者、歴史家、文学者などが自分たちの役割を模索していました。急激な近代化を遂げた日本では、そのプレッシャーがより強く人文科学を担う人々に共有されたようです。

特に、日本の近代化が一段落した大正期の一九一〇年代にその傾向が現れました。国策において重視されてきた自然科学・技術諸分野、出世コースとなった社会科学分野（法・経済）にはさまれて、人文系を担う人々が自らの存在意義について葛藤し始めたのです。

一九一〇年代というのは相対性理論など、科学研究でも飛躍的な発展のあった時期です。そしてちょうどそのタイミングで日本の自然科学研究も国際的な水準に追いつきつつありました。

明治期は教師もほとんどが外国人で授業も教科書も外国語、日本人は西洋人の「生徒」という状況でした。研究内容も、魔鏡の構造の研究や、緑茶の成分の分析など、土着の珍しい対象に良く知られた科学的な方法を応用するのが精一杯でした。それが大正になって人材育成を日本語で行えるようになると、オリジナルな研究をする余裕が出てきたのです。[28]

たとえば長岡半太郎は、一九〇三年に原子の構造に関する理論を提唱しています。また、一九一七年には民間資金による独自の応用研究のため、理化学研究所が作られています。記録によると、この時期の大学は予算が少なく、教育に必要な経費を支出すればほとんど研究費は残らない状態でした。そのため、理化学研究所は日本における科学研究の本格化に貢献したといわれます。[29] 大学である程度高度な理論研究が達成される一方で、民間団体が大学では困難な研究に資金を出せるまでに科学が成熟していたわけです。

この時期の人文科学も、実はオリジナルな成果が数多くありました。たとえば仏教や神道の背景知識を元に西洋の思想に向き合おうとした西田幾多郎や、和辻哲郎の名は今でも知られるところです。また、この頃、「文化」や「社会」という概念が日本語の思想においてしっかりと認識され、学問の対象として意識されました。それもあって、自然科学のように「普遍的」な知識に対して、固有で一回限りの対象（たとえば人間の生やある地域の歴史など）が持つ意味が模索されたのです。

しかし、一九一〇年代の大学生（男性のみ）の進路をみると、人文科学系の卒業生が悩ましい思いでいたことが窺えます。帝国大学卒であっても「文科」出身者は教師などの学校職員か文筆家に進路が限られていました。同じ時期、法学を修めた者は司法官や弁護士に、経済学を修めた者は企業や銀行、そして理工系はやはり官庁から企業まで幅広く活躍していたのです。それに比べて落差を感じたようです。

社会階層的な要素も影響していたかもしれません。身分が平等になったとは言え、旧士族が卒業生に占める率は理工系では八割以上と高く、文科大学における四分の三、法科大学における三分の二と比較すると群を抜いています（農は半分、医は四割）。官立専門学校でも理工系に士族が多く、いわば自然科学・技術は旧支配層の学問といった趣が残っていました。[*30]

とはいえ、理系の中では理学部出身者も、工学や応用的な諸分野出身者の動向に不満を抱いていました。一九一七年には早くも『太陽』誌にて「理科思想増進の第一關《かん》」（第二三巻第一四号掲載）という、理系出身者の基礎科学ばなれを憂う議論が出ています。日本はまだ「基礎的学問の価値を理解し得ぬ」社会なので、学生は優遇される応用的な分野に進んで企業に行こうとする、とどこかで聞いたような嘆きがそこに見て取れるのです。[*31]

ただし、補足しておくと、この頃の大学生は全人口の一％というエリートです（旧制高校や専門学校も含めると一〇%程度)。また、女性はこの頃、僅かに存在していた女子大学以外には進学できず、ごく特殊な場合を除いて就職の道はほぼ閉ざされていました。

戦争が近づいてくると、危機的情勢を反映して、理工系重視の政策が助長されていきます。それに対して、人文科学だけでなく、今度は社会科学も雲行きが怪しくなっていきます。

もともと、人文社会科学は価値の問題と関わる学問なので、特定の宗教・思想に基づく政治的秩序とは相容れない部分がありました。そして、当時学問の中心であった帝国大学は、法的なレベルでも、国家への奉仕を目的として作られた組織でした。中世以来の長い歴史の蓄積がある西洋諸国の大学に比べると、直接に国家の介入を受けやすい素地があったのです。

一九二〇年には既に、東京帝大経済学部の森戸辰男助教授が、無政府共産主義思想を宣伝したとして文部省に処分を迫られ、辞職に追い込まれる事件が起きています(「森戸事件」)。このあと、昭和期に入ると弾圧は本格化し、文部省の抑圧のもと、マルクス主義を研究する経済学部関係者が次々と「自発的辞職」を迫られました。一九三〇年代になると、自由主義思想を持つ京都帝国大学法学部の滝川幸辰《たきがわゆきとき》教授が、大学の反対にもかかわらず、文部省により直接処分されてしまいます（「滝川事件」[*32]）。

一九四三年、第二次世界大戦の戦局が悪化すると、兵力不足を補うため学徒動員が本格化しますが、その時真っ先にターゲットにされ、戦地に送り込まれたのも、文系の大学生や旧制高校の文系学生たちでした。理系は兵器開発研究のために動員されていたからです。

「科学技術立国」のままでよいのか

今でも日本人がよく使う「科学技術」という言葉は、実は戦争の記憶を背負っています。その言葉は戦時体制下の一九四〇年、近衛文麿内閣の時代から盛んに使われるようになりました。近衛内閣は日中戦争が続く中、自然科学系の科学者・技術者を国策のため総動員するべく「科学技術新体制」を作り上げたことで知られます。

この時、「科学技術」は、科学を用いた技術の意味か、科学と技術の双方を指すのかはっきりしない、曖昧な言葉でした。しかし、既に技術を中心にものごとをみていた人が多かった日本では、すんなりと受け入れられていきました。[*33]

戦争の敗北は日本人にとって大きな転換期となったはずですが、学問に対する価値観には、明治の初頭から連続する要素が残っています。「富国強兵」こそ過去になりましたが、一九六〇年代以降、高度経済成長期の道を走った日本が目指したのは「富国」であり、とにかく経済的繁栄とそれを利する科学・技術の重要性が叫ばれました。

一九六〇年三月には、岸信介内閣の松田竹千代文部大臣が「国立大学の法文系学部を全廃し、国立大学を理工系一本槍とし、法文系の教育は私学に委ねるべし」と述べて物議を醸しています。さすがにそれは実現しませんでしたが、次の池田内閣で閣議決定された「所得倍増計画」では、大学理工系学部の学生定員が大幅に増やされました。これらの議論が丁度、日米安全保障条約の改定に反対する学生運動の最中に行われたことは念頭に置いて良いと思います。デモに活発に参加していたのは多くが「法文系学部」の学生たちであるとみなされていました。[*34]

一九八〇年代には日米貿易摩擦を背景に「科学技術立国」が叫ばれ、一九九〇年代以降から、科学技術基本計画の下で五カ年ずつ三十兆円ほどが自然科学・技術に投下される体制が確立しました。そして、日本の基礎科学は何度もノーベル賞を取るような水準に達しました。

日本の国立大学の人文・社会科学系は潰されこそしませんでしたが、理工系に比べて学生定員の規模が小さいままに留まり続けました。しかし、国民の生活水準があがると進学率も増大します。増大する文系志望学生のニーズを吸収したのは、私立大学の文系学部でした。

『国立大学法人 基礎資料集』によれば、二〇一七年には「人文科学」および「社会科学」学部生のほぼ九割が私立大学に在籍しています。これが「理学」「工学」だと六割程度、「農学」で五割に減少します。分類の中に「家政」学部や「商船」関連学部の統計もありますが、女性の多い前者は九割以上の学生が私立大学に、男性の多い後者は一〇〇%が国立大学に集中しています。[*35]

国家建設と産業振興のための分野は国立大学に、それ以外の価値観が入り込む分野は高い授業料が必要な私立大学に、という傾向が窺えます。女性の多い分野が私立大学に集中しているのもきっと偶然ではないでしょう。

更に、研究者育成という視点から見ると、日本が理工系研究者育成偏重の国であることはもっと明白になります。修士(博士前期)以上の人文社会系学生数がOECD諸国と比較して圧倒的に少ないのです。実学重視という点では日本と似た傾向にあるドイツと比較しても、その傾向は顕著です。ドイツにおける二〇一三年の「自然科学」と「人文・社会科学」の博士号取得者比率がおよそ三対一くらいであるのに対し、日本は五対一くらいと、かなり差があるのです。[*36]

人文・社会科学系の学生や研究者が少ないことの何が問題なのだ、という声が聞こえてきそうですね。確かに明確な答えはありません。

ただ、私が気になるのは、この人員配置が、少なからず日本においては、「目先の目標のため批判勢力が封じ込められてきた」歴史とつながっているようにみえることです。「科学」そのものではなく、利便性を追求する「科学技術」に無邪気に信頼を寄せるような人ばかりが求められてきた。そういう側面はなかったでしょうか。

「植民地化されない国家の建設」、「経済成長」といった明確な目標がある時代はそれでよかったのでしょう。しかしながら現代の社会は、地球環境問題から資本主義が抱える矛盾に至るまで、複雑な課題を抱えています。しかもそれは、経済成長や科学・技術イノベーションの結果、人類が複雑で高度なシステムを作り上げるに至ったことから生じているのです。残念ながら、東日本大震災の際の原発事故もその一例となってしまいました。

明確な目標が持てない時代の、「想定外」な課題発生に対応するために何が必要なのか。どのような知性が求められるのか。これまでの歩みを見直してみることは必要でしょう。

*1 中国の学問分類は図書分類の方法（目録学）にみることができます。時代により変遷がありますが、「経」（儒教などの特別な経典）、「史」（歴史関係）、「子」（兵法、医術や科学・技術他）、「集」（詩や文芸関係）に分ける四部分類法が中世から一九世紀初頭まで主流でした。井波陵一『知の座標 中国目録学』白帝社、二〇〇三年、第一章。Yi Zeng, "L'incertitude dans la pensée chinois", *Communications* 2014/2 (no. 95), 223-241. DOI 10.3917/commu. 095.0223

*2 渡辺浩『日本政治思想史［十七～十九世紀］』東京大学出版会、二〇一〇年。佐藤賢一『そして数は遙かな海へ…東アジアの数理科学史』北樹出版、二〇〇五年、第一章。

*3 佐久間正「儒教の環境思想」『長崎大学総合環境研究』環境科学部創立一〇周年記念特別号、二〇〇七年、九九－一一〇頁。松井一洋「『日本人の災害観と防災文化』再考」『広島経済大学研究論集』第三六巻第三号、二〇一三年一二月。

*4 たとえば儒者、伊藤仁斎の人生は典型的であろう。渡辺、上掲書、第七章。

*5 佐藤、上掲書、第五章。以下の部分でも本書を適宜参照している。

*6 ジャック・プルースト『16－18世紀ヨーロッパ像　日本というプリズムを通して見る』山本淳一訳、岩波書店、一九九九年。

*7 渡辺、上掲書、第一七章。稲賀重美『絵画の東方　オリエンタリズムからジャポニスムへ』名古屋大学出版会、一九九九年、七一－一四六頁。

*8 中山茂『日本の天文学　西洋認識の尖兵』岩波書店、一九七二年。吉田光邦『江戸の科学者たち』社会思想社、一九六九年、一五五－一五六頁。

*9 朱熹は、中国古来の陰陽五行説を念頭に、人間（道理）と自然（物理）が同一の原理で貫かれていると考えていました。そして、この人間を含めた自然の万物を貫く「理」を（主に重要な古典文献を読み解くことで）探求することを「窮理」と呼びました。つまり彼にとって「理」は経験ではたどりつけない観念的な探求に関わるもので、単に外界の事物を観察・分析してわかるようなものではなかったのです。しかし、日本の儒学者のうち、伊藤仁斎の古学派などは、この「窮理」を日常の経験で把握可能な事物の研究という意味に読み替えました。そこから蘭学における「窮理」概念にもつながったのでした（辻哲夫『日本の科学思想』中公新書、一九七三年、第二章、五章）。

*10 川原秀城『教と易の中国思想史　術数学とは何か』勉誠出版、二〇一八年。

*11 渡辺、上掲書、第一七章。馮天瑜「『千歳丸』の上海行——日本幕末期の中国観察を評す——」『中国21』愛知大学現代中国学会編、一九九九年一一月、一六九－一九八頁。

*12 鈴木淳『科学技術政策』山川出版社、二〇一〇年、第二章。

*13 杉山滋郎『日本の近代科学史』朝倉書店、一九九四年初版、二〇一〇年新装版、六頁。

*14 津田真道「開化ヲ進ル方法ヲ論ス」『明六雑誌』第三号、一八七四年。杉本勲『近世日本の学術　実学の展開を中心に』法政大学出版局、一九八二年、序説。

*15 福沢諭吉「学問のすすめ」『日本の名著33　福沢諭吉』所収、中央公論社、一九八四年。

*16 渡辺、上掲書、第一七章。

*17 Tamotsu Nishizawa, "The emergence of the economic science in Japan and the evolution of textbooks 1860s-1930s", *The Economic Reader, Text books, Manuals and the Dissemination of the Economic Sciences during the 19th and Early 20th centuries*, Massimo M. Augello and Marco E. L. Guidi ed., (London), Routelege, 2010, 327-345.

*18 福澤諭吉編訳『世界国尽』巻三（欧羅巴州）、慶應義塾、一八六九年（渡辺、上掲書、四一〇頁に引用）。

*19 飯田鼎「福澤諭吉と兆民・辰猪：明治思想史研究序説」『近代日本研究』Vol. 14、一九九七年、七九－一一一頁。渡辺、上掲書、第二十章。

*20 Shen Guowei, "Science in Translation. Yan Fu's Role", in *Science and Technology in Modern China, 1880s-1940s*, J. Tsu and B. A. Elman ed., Leiden, Boston, Brill, 2014, 4-95.

*21 西周「百学連環」『西周全集』大久保利謙編、第四巻、宗高書房、一九八一年。高坂史朗「新しい世界を求めて——西周とオランダとの出会い——」『西周と日本の近代』島根県立大学西周研究会編、ぺりかん社、二〇〇五年、六二－六四頁に訳が引用。次も参考にした。渡部望「『百学連環』の歴史的位置と意義」『北東アジア研究』第一四－一五合併号、二〇〇八年三月。以下、西についての記述のため参照。

*22 総長の加藤弘之は、史学は西洋と東洋について教えるべきだが、お雇い外国人では欧米のことしかわからないし、日本人で東洋の歴史も語れて、かつ哲学も理解している人物はいないと説明しています。東京帝国大学編『東京帝国大学五十年史』上

冊、一九三二年、第二巻第二編、六九一頁。

＊23 『東京帝国大学五十年史』第二巻第二編、以下適宜参照。

＊24 天野郁夫『帝国大学』中公新書、二〇一七年、第三章。

＊25 鈴木、上掲書、第二章。

＊26 Bod, *A New History of the Humanities*, 256-258.

＊27 石坂音四郎『民法研究』有斐閣、一九一四年、第三巻、五-一二頁。次も参照。川合大輔「一九一〇年代における土田杏村の思想と人文科学」名古屋大学大学院文学研究科学位（課程博士）申請論文、二〇一三年、一〇-一二頁。同「１９２０年代日本における人文科学論の動向――科学の分類と系統についての言論を中心として――」『科学史研究』第Ⅲ期第五六巻、№二八三、二〇一七年一〇月号、一七六-一九五頁。

＊28 杉山、上掲書、第四章。

＊29 廣重徹『科学の社会史　近代日本の科学体制』中央公論社、一九七三年、九五頁。

＊30 中山茂『帝国大学の誕生』中央公論社、一九七八年、一〇二-一〇三。

＊31 川合「一九一〇年代における土田杏村の思想と人文科学」第八章。

＊32 天野『帝国大学』第一四章。

＊33 鈴木、上掲書、第一章、第六章。最近、政策文書では正確さを期するため、「科学と技術の双方」を示す場合は「科学・技術」と分けて書くことが増えてきています。

＊34 佐和隆光『経済学のすすめ　人文知と批判精神の復権』岩波新書、二〇一六年、第一章。

＊35 一般社団法人国立大学協会『国立大学法人　基礎資料集』二〇一八年一月三〇日、三頁。

＊36 修士号取得者で比べると更に差は大きくなります。修士号取得者が、独の場合、人文社会系と自然科学系とでほぼ同数程度であるのに対し、日本は前者が後者の一／三以下です（文部科学省 科学技術・学術政策研究所『科学技術指標２０１７』一二三頁）。

第3章

産業界と文系・理系

日本社会において「文系」「理系」の二分法が強固にみられるのは、これまで見てきた教育制度と官僚制度（公務員試験）だけではありません。企業社会、すなわち産業界との関わりにおいてもそれは強く意識されます。

とはいえ、企業社会といっても広く多様な業種が含まれていますので、この章では次の二つの主題に話を絞りたいと思います。第一に、「どんな人材を労働市場が欲しがっているか」、すなわち、いわゆる文系・理系の就職活動問題です。第二に、それと関連する話として「大学は産業界とどのような関係にあるべきか」という政策的次元の問いです。後者は、産学連携や科学・技術イノベーション政策という問題と密接に関わります。

いずれも、分野ごとの差異や状況の違いが意識されることの多い話題です。同時に、私たちの社会がどうあるべきかという問いを孕んでもいます。

文理選択と新卒学生の就活

就職活動における「文系」「理系」の区別問題はかなり曲者です。ぱっと見ただけでも断片的で、噛み合わない話があちこちに散らばっているからです。

あるサイトは、文系学生の場合、企業では「大学の勉強が役に立つわけではない」からコミュニケーション能力や将来性が評価される、と述べています。対して、理系の場合「大学の勉強が仕事に直結する」し、就活では「推薦を使うことができる」など、文系との差異が強調されています。[*1]

しかし他のサイトではトーンがまた違います。たとえば楽天の「みん就」では、文系の多い職種として「営業・マーケティング・企画、総務・人事・秘書、財務・経理、法務・知的財産、生産管理・物流など」をあげて、「大学で学んだ専門分野が生かされる職種もあれば、まったく生かされない職種もあります」となっています。

理系についても「研究開発、生産技術、品質管理、設計、システム・エンジニア、技術営業」をあげたあとで、「これらの職種は大学で専攻してきた分野だけで生かせるのではありません」と書かれています。[*2] 全体としては理系の方が「専門分野が活かせる」傾向はあることを否定しないものの、例外はいくらでもあることを匂わせて、やはり断言を避けています。

理系の就職活動について書かれた別の記事からは、この曖昧な表現の背景を推測することができます。それは、一口に「理系」といっても、実際には多様だということです。製品やサービスと結びつく分野は工学部系など一部に限られますし、研究室の教授による推薦先の数も限られます。理学部などで、基礎的な理論研究を行う研究室の場合は、専門が直接職業に結びつきづらい学生もたくさんいます。そのため、「論理的思考力や分析力、ITスキルなどは、どんな仕事をする上でも非常に役立ちます」という抽象的な能力の次元での話が、結局の所、理系学生でも最大公約数となるのです。[*3]

文系学部の大学教育は就活で評価されない?

文系の就職活動については、企業側の発信する断片的な情報と、学生たちの推測とが入り交じり、とくに実態が見えにくくなっているようです。

少なくとも、法政大学准教授（肩書きは当時）の上西充子氏はそのように捉えて、二〇一一年に、職種別採用を行っている企業の採用担当者へのヒアリング調査を行いました。その結果、大学教育を企業が全く評価しないかのような言説は、学生側の誤解であるとの結論を出しています。[*4]

上西氏が調査対象とした企業は主に外資系IT企業、ユーザー系システムインテグレーター（以下SIer）、製薬会社、フランチャイズ小売業などでした。確かに見かけ上は、いずれの企業も大学名で選ぶことはしておらず、知的能力については一定の適性試験を課すだけの企業もあったそうです。しかし実際に尋ねてみると、程度の違いはありながらも、いずれの企業も何らかの形で学生が大学で得たものを知ろうとしていました。

外資系IT企業やSIerなどは、情報技術やシステム構築と深く関わる関係もあり、特に知的能力を重視する傾向がみられました。それらの企業の場合は、面接において「学生生活の中で自分が一番時間と精力を使ったと考えているもの」を聞き出し、その際に文系・理系を問わず大学で学んだ内容や、授業、ゼミのことなどまでこと細かく聞く場合があるようです。向学心や向上心、信頼に足る人材かなどを見極めるためです。

また、文理や職種を問わず、「統計的なアプローチや、定性的な調査の方法」などの方法論が身についていることが望ましいとの声もありました。

確かに文系で学部卒の場合は専門知識をあまり期待されない傾向はあるようです。ただしその場合でも、問題意識は何であったか、なぜそのゼミを選んだのかということは問われます。学んだ内容そのものが評価の対象というわけではないですが、語らせることを通じて、論理的に話すことができるか、ひらめき、視野の広がり、理論の構築力などを評価しているようです。理系の場合だと、卒業研究論文の内容まで聞き出し、専門外の人にわかりやすく説明する能力などを問うています。

もちろん、それらの企業も、求める知的能力が必ずしも大学教育を通してのみ得られると考えているわけではありません。「大学での勉強は、決して授業の勉強に限ることではない」として、大学の成績は特に重視しないとの態度もみられます。

ただし面白いことに、そうした企業の場合でも「ゼミなどは仕事と共通する要素が多い」とみなしていたりします。学問内容そのものが直接業務に役立つとは捉えていないが、複数の人々に自分の意見を論理的に伝えたり、異なる意見の人と議論して、他者の視点を取り入れたりといった、ゼミにおける対話の営みを「仕事と共通する」とみなしているのです。

学習内容そのものよりも、それを通じて獲得される何らかの知的能力が重視される、という視点は大学ジャーナリストの石渡嶺司氏による記事にもみられます。氏は、主に文学部の学生について採用担当者に取材をした際に、「文書作成能力、漢字を含めた教養の広さ」が評価されていると述べているのです。[*5]

したがって、次のようにまとめることができるでしょう。まず、文系学部卒の学生が大学で学んだ「内容」への関心は確かに一部の企業を除けばさほど高いわけではありません。しかし、学ぶことを通じて身につけた論理的な思考能力や文書作成能力、知的好奇心のあり方、対話の能力には多くの企業が関心を持っているのです。

それらの能力は必ずしも大学の教育を通じてのみ培われるわけではありませんが、大学教育を通じて高めるのでない場合は、他の方法でそれを獲得しなければならないということです。

理系の「専門性」はどこまで企業で重視されるか?

文系の学部卒就職の話が続いたので、理系の状況を見てみましょう。理系の場合、学部四年生で就職するか、大学院の修士課程（博士前期課程）に進学して就職するかで悩む人は多いです。

しかし、どれだけ大学で学んだ専門知識が重視されるか、どのような経歴が採用で有利になるかについては、意外にも見解がばらついています。それどころか、論者によってはほとんど別世界のように見解が隔たっています。なお、修士の後の博士課程（博士後期課程）についてはここではひとまず置いておきます。

たとえば、ジャーナリストの溝上憲文氏は二〇一六年一月二〇日付け記事で「修士卒が就職に有利は幻想にすぎない」と挑発的なタイトルの記事を書き、ソニーやキヤノンの人事担当者が「特定の分野に頭が凝り固まった修士卒より、純粋かつ柔軟な頭を持つ学部卒がほしいというのが本音」と、みもふたもない書き方をしています。[*6]

また、もう少し穏やかなトーンの記事を見ると、就職サイト「理系マイナビ」では「学部卒よりも院了の方が、就職活動で有利か」は、「企業によって実情はまちまち」と断定を避けています。

学校基本調査を見る限りでは、理学部、工学部、農学部の修士卒の就職率（進学の影響はのぞいた値）は学部卒よりも高い割合を示しており、学部卒よりも修士卒の方が明白に有利としか思えません（人社系はそういうことはなく、学部卒が一番高い就職率を示します）。それにもかかわらず、修士卒の扱いについて、このように慎重な表現が未だに残る背景には何があるのでしょうか。[*7]

その一つは、理工系修士卒が就職する業種自体の多様性でしょう。たとえば研究開発職を志望する人は修士が望ましいのはいうまでもなく、当然そうした業種には優先的に修士卒が採用されます。しかし、院に入っても専門分野と関係する就職先は見つからず、学部卒で就活しても同じだった、学費の分だけ損したと感じる人もいます。

そもそも、先ほどふれた修士卒の「就職率」という数字は、学部卒の就職者よりも明らかに待遇が上がったと感じる修士卒の割合を教えてくれるものではありません。就職情報サイトなどは、そうした結果に陥った個別例を知らせて、当事者によく考えてもらうことを目的としているのでしょう。

また、上司の世代ほど大学院修了者は少なく、それで業績を出して来たという自負があります。そうした世代が企業で実権を握っているということも影響している可能性はあります。

理工系博士と企業とのミスマッチ

とはいえ、理工系の場合、修士卒が少なくとも損にはなりません。では、博士課程ではどうでしょうか。これについては残念ながら、少なくとも無期雇用に関する限り、博士卒は学部卒よりも低い就職率を示します（『科学技術指標2017』）。民間企業就職者は少なく、門戸が狭い状況が続いているのです。有名な「博士の就職難」というやつです。

しかし、これまでいわれてきたことと矛盾を感じないでしょうか。学部卒の段階で既に、理系は文系よりも「専門性」が重視されていました。修士卒に至っては民間企業で「研究開発職」として嘱望されます。しかし、博士卒になると手の平を返したように、その「専門性」を極めた人材が不人気になるのです。一体、何が起きているのでしょうか。

日本企業が先端的科学・技術に興味を持っていない、というわけではありません。国際比較をすると、日本はむしろ、企業が科学・技術の研究開発に多額の投資をしている割合がアメリカやドイツ、フランスに比べても高い国です。OECDの推計によると、日本の二〇一五年の研究開発費全体の内、企業が負担した額は七八%、米国や独、仏ではこの数字は五－六割程度となっています。

しかも日本では、企業に勤める理工系研究者の割合が多いのです。二〇一六年には日本の研究者人口の七三%が企業の所属となっていますが、これは米国とほぼ同レベルの数字です（独、仏は五－六割）[*8]。

ますます、理工系の博士卒の就職難という話が不思議に聞こえます。どうやら問題は、日本の産業構造や企業が欲している人材と、博士卒人材との間のミスマッチにあるようです。

日本では、修士以上の人材を欲しがる企業が製造業と情報通信業などに集中しています。『科学技術指標２０１７』によると、二〇一六年の日本の企業における研究者の専門分野は、「機械・船舶・航空」分野が多く、次に「電気・電信」分野などの工学系です。この二分野で全体の約半数近くを占めているのです。

しかし、それ以外の分野となると、企業の側のニーズがぐっと減ります。とりわけ生命科学や医薬系は大学の研究者数も学生数も多い一方で、企業への就職は多くはなく、需要と供給のギャップが開いています。

分野の問題に加えて、企業が必要とする専門性の「程度」の問題もあります。修士は欲しいけれど、博士人材となると躊躇する企業が多いのです。その結果、博士号取得者は増えましたが、企業における研究者の博士号所持者割合はまだ伸び悩んでいます。二〇〇二年と比べて博士号所持者の数は一・五倍近くになりましたが、企業研究者全体に占める割合は五%未満に留まっています[*9]。

もちろん、暗い話ばかりではありません。認知心理学分野で博士号を持ち、企業に勤めながら「アカデミアを楽しくする」活動を行っている平田佐智子氏によると、最近は博士人材に興味を持つ企業や、そのための就職斡旋の経験を持つ仲介エージェントも増えているようです。また、文系であっても、研究の中で定量データを扱ったことがあり、その上で人社系の学問の発想ができるといった特徴があれば選択肢は広がるとのことでした。

ただし、現場での明るい兆しはまだ充分に認知されてはいません。国内での就職難を受けて、日本人学生の大学院への博士課程入学者数はこの十数年で減少してしまいました。教育社会学者の舞田敏彦氏によると、理工農系の博士課程入学者数は二〇〇三年と二〇一七年の間でいずれも〇・六倍から〇・七倍に落ち込んでいます。[10]

欧米企業と博士号取得者

日本に比べると、欧米では比較的スムーズに博士号取得者の雇用が進み、評価されているといわれます。[11] 特にアメリカの場合、統計からその様子は窺えます。

たとえば、二〇一六年時点での博士号取得者の全分野、全セクターの年収中央値は約八万七千ドルです。これは修士卒の七万二千ドル、学士卒レベルの六万ドルと比べて確かに高いと言えます（なお、高卒だと平均年収三万六千ドル程度であり差が開きます[12]）。

また、就職先別にみると博士卒年収の中央値は学術機関で六万千ドル程度ですが、産業界で一〇万ドル、政府機関もしくはNPOで八万ドル程度となっています。産業界で高額所得を得ている人の多いことがわかります。

分野別では、人文系のみ博士の就職者が年収六万九千ドルとかなり低めなのですが、それ以外の分野は、ほぼ八万ドル台以上の収入を得ている計算となっています。特に高額所得者が多いのは経営学博士であり、数学・コンピューター・サイエンス系と比べて遜色ありません（中央値一二万五千ドル）[*13]。米国の社会科学系の博士号取得者は理工系の博士号取得者と同じくらいよく稼いでいるのです。

日米でこのような違いが出る原因は何でしょうか。国ごとの大学院制度の違いや、分野ごとの事情の違いは考慮する必要があるでしょう。たとえば、特に理工系に関しては、日本の大学の修士課程では早めに研究活動を経ており、企業にとっては博士人材と差が大きくないと映ります。そのため、若さの分だけ修士卒が求められる、という説もあります。ただ、それに加えて、労働市場のあり方も一因となっているように思えます。

たとえば、日本では新卒一括採用という制度があり、多くの学生が在学中から就職活動を始めます。その背景には、大学四年を終えたら、なるべくブランクを持たずに企業などの組織に所属し、そこで実務訓練を受けて一人前の職業人となるのがよいとの価値観が根強く残っていることがあります[*14]。この枠組みですと、学生の側にとっては職業のため必要な教育を企業で受けられるとの発想になり、大学院の必要性は薄くなります。

しかし、米国では「新卒一括採用」というシステムはないので、求職者はしばしば、経験を積んだ中途採用者をライバルとして就職戦線を戦わねばなりません。一つの組織に長く人が留まらないことも一般化しています。そのため、採用する側も「どのようなスキル、専門性があるか」を求める傾向が高くなりやすいのです。

労働市場の流動性と、学位の有効性という点は欧州も米国とよく似ています。そうした流動性の高い社会では、「何に所属するか」よりも「どのような人材か」を示すシグナリングが重視されます。

欧米の企業が博士号取得者に対して抱いているイメージも、日本とは違っているようです。博士人材は、知識だけではなく、研究のための外部資金を獲得してくれることや、その人が更に友人、知人のネットワークなどをもたらしてくれることが期待されているのです。[*15]

先ほど、欧米諸国は日本と比べて、科学・技術の研究開発における企業の投資が少ない、と述べました。それは言い換えれば、企業に就職した研究者を通じて、政府の公的資金や、外国からの各種助成金、非営利団体からの資金などが流れ込んでいるということでもあるのです。[*16]

このように欧米企業にとって、博士号取得者は、リスキーだがブレークスルーになりそうなアイデアを持っており、国からの研究資金をひっぱってきてくれる存在です。博士号取得者の数や、企業と大学の関係のあり方、制度の違いなど、色々な要素がこのイメージをもたらしています。

ここまで人文社会系、理工系という区分で、それぞれの分野を専攻した学生が、学位の段階や地域によって労働市場でどのような扱いを受けるかを述べてきました。そして、日本ではごく一部の分野を除き博士人材への評価が低めであること、それに対して欧米では人文系を除けば比較的高い評価を受けていることに触れました。

分野ごとに労働市場での扱いがこのように変化してしまうこと、また国や地域によりかなりの差があるということの背景には何があるのでしょうか。次節では、近年起きた論争を手がかりに、考えてみたいと思います。

アカデミック・キャピタリズムと「文系不要」論争

二〇一五年頃、日本の新聞やネットメディアを舞台に、国立大学における人文系大学学部教育は必要なのかといった論争が起きました。

論争の直接的な発端となったのは、六月に出された下村博文文部科学大臣（当時）による通知です。この通知は「教員養成系学部・大学院、人文社会科学系学部・大学院」について「組織の廃止や社会的要請の高い分野への転換に積極的に取り組む」という文言を含んでいました。この部分が、政府による国立大学の「文系廃止」要請と受け止められ、二〇一五年の初夏から秋にかけて、国内外のメディアならびに学協会からの批判を引き起こしたのです。更に九月には、産業界の意見を代表する形で、経団連までが批判的な声明を出しました。

あまりにも話が大きくなったので、文部科学省は「人文社会科学系などの特定の学問分野を軽視したり、すぐに役立つ実学のみを重視していたりはしない」との見解を出し、論争の収束をはかることになります。[*17]

吉見俊哉氏も指摘しているように、論争がこの時期に突然メディアで炎上したことについては、同時期に「集団的自衛権」を含む安全保障関連法案を巡る論争もあり、批判につながりやすい話題をメディアの側が探していたことなどが影響しているのでしょう。一年以上前に同じ文言を含む別の文書が出ていたのに、その時は報道自体がさほどありませんでした。[*18]

ただ、論争自体が時流に影響されたものであったとしても、社会の中に広まっていた「儲かる理系」と「儲からない文系」という価値観をあぶり出したということには着目したいと思います。何となく人々がそう信じているからこそ、またたく間に誤解も含めたニュースが広まったわけです。

実は、同じ傾向は国際社会、とりわけ英語圏のメディアを中心に存在していました。二〇一五年前後には「危機にさらされる人文系（Humanities）」という文言がメディアのタイトルを賑わしていたのです。この同時性のため、文部科学省の予想以上に、日本の「文系廃止」が額面通りに受け取られ、グローバルに拡散してしまったと言えます。

ただし、英語圏の場合、「文系」対「理系」というよりは「儲かるSTEM（科学・技術・医療系）」対「儲からない人文系（Humanities）」という構図です。前節でも触れたように、経営学など、社会科学の一部に非常に「儲かる」分野があるので、対立構図が少しずれています。

米国では二〇一〇年代初頭から、「市場に需要のない人材を生む学部は切り捨てるのがよい」との主張をする財界人や、人文系は「戦略的ではない分野」であるから授業料を他より高く徴収するべきだといった主張をする政治家（主に共和党系）が出て、論争を呼んでいました。[*19]

英国では、当時の中道右派キャメロン政権が緊縮財政政策を取った結果、公共サービスへの投資削減と並行して、大学の人文社会科学系学部教育（英国の分類では言語、芸術、社会科学など幅広く含む）に対する直接の政府投資が消失し、教員や学生による抗議運動が起きていました。[*20]

対立の背景にあったのは、日本も含め世界中で進行しているアカデミック・キャピタリズム（大学資本主義）の問題をめぐる根本的な思想対立です。一九八〇年代の欧米に始まった「新自由主義」と呼ばれる経済政策においては、規制緩和と公共セクターへの市場原理、競争原理の適用がなされました。とりわけ英語圏の国々では、大学経営の市場化が進んでおり、公立大学であっても自己収入を増やし、政府からの資金援助を極力なくしていく方向に向かっていたのです。その経営努力は、一方では産学連携によるめざましい成果を生み出しましたが、他方では経済的に利潤を生まなそうな分野への逆風や、学費の高騰といった現象を生み出していました。[*21]

二〇一五年の時点で、米国では授業料が公立大学においても年間平均九〇万円台、私立では年間二三〇万円台に達していました。英国の公立大でも一四〇万円台近くとなっています（一九九七年には無料でした）。大抵の学生は支払いができません。その結果、卒業するまでに多くの人が、政府あるいは民間が貸与する巨額の教育ローンを背負い込む現象が今でも続いています。[22]

話を戻すと、好景気の時はそれでも大きな騒動にはなりませんでした。しかし、二〇〇八年のリーマンショック以降、欧米諸国を襲った就職難で問題が表面化しました。特に英米では、それまでに高騰していた授業料を教育ローンで支払っていた若者たちが失業あるいは就職できずに返済不能に陥ったのです。とりわけ、就職難の煽りを受けやすい人文系卒業生は大変でした。この社会問題に対し、どのような解決策を設けるべきかをめぐり、対立が起きたのです。

人文系学部の切り捨て、あるいは縮小を支持する側は、もともとの学費高騰化を引き起こした大学経営の市場化路線を肯定的に捉えています。そのため、市場で淘汰されていく分野は不要、あるいはそこまで言わなくとも、公的資金の投入は減らすべきだと考えたのです。

それに反対する側は、大学経営の市場化が向かう方向性自体を批判します。教育は商品ではないため市場原理の導入に適していないと考えるからです。また、そのような改革が、大学を実質上、一部の金持ちが高いお金を出して、儲かる分野の教育を買うための場所に変えてしまうと捉えます。すなわち、大学が持てる者と持たざる者の格差を大きく広げて、政治不安を助長させる場となってしまう、との危機感があるのです。

「儲かる理工系」思想の源泉——イノベーション政策1・0

ところで、「儲かる理工系（あるいはＳＴＥＭ）」という発想はどこから来たのでしょうか。そんなことは日常の体験からわかる、当たり前すぎる、と思われるかもしれません。しかし、こうした一見自明の話ほど、探ってみると意外な事実がわかったりするものです。

歴史的にみると、文系、とりわけ文学、歴史、思想などを扱う人文系諸分野は、たしかに民間企業とはもともと距離がありました。前章でも確認したように、大正期の日本では、文学部卒の帝国大学生は多くが教員・学校職員や文筆家になり、営利企業への就職数はわずかだったのです。大学に行くのが男性のみで、全人口の一％程度だった時代の話です。

それに対し、二〇世紀初頭の日本ですと、社会科学系学部、とりわけ法学部出身者は重用されていました。近代国家建設という使命があったからです。理工系より脚光があたっていた、ともいえます。第二章で述べたように、第一次世界大戦の時期までの日本の大学では理工系の研究が本格化しておらず、行政機構においては技官の昇進が文官より抑えられていました。

しかし、二度の大戦を経る内にその構図も変化していきます。とりわけ戦時体制下では、前章でも触れたように、理工系の教育・研究への資金投下が拡大する一方で、文学のみならず、法や経済も含めた人文社会系が冷遇され、しばしば政府による思想弾圧の対象になりました。

第二次世界大戦後も、戦時下で定着した理工系重視の傾向は変わりませんでした。なぜなら、戦争が終わると今度は経済政策のために理工系が重視されたからです。背景には、一九五〇年代の高度経済成長期に『経済白書』など政府の行政文書を通じて欧米諸国から導入された「技術革新」論の影響があります。その内容は、科学をもとにした技術の革新によって生産性が向上し、国民経済の成長が達成されるというものでした。[*23]

「技術革新」論は、近代以降最初の明確なイノベーション政策です。[*24] そのため、最近の科学技術政策研究においては、「イノベーション政策1・0」と呼ばれることがあります。[*25] 本書ではこの呼び名を採用したいと思います。

イノベーション政策1・0を提唱したのは、英米の経済学者、経済史家たちでした。彼らは経済成長の要因を分析し、労働力や資本投下の規模だけでは説明の付かない部分があるとして、技術の変化にそれを求めたのです。特に蒸気機関、内燃機関など、エネルギー供給や動力を支える技術に着目しました。そして、当時の経験則に基づき、科学の進歩こそが技術革新をもたらし、経済成長に貢献するとの考え方が取られました。このような考え方は「リニアモデル」とも呼ばれます。リニアモデルにより理工系教育・研究の振興と経済成長は直線的に結びつけて考えられたのでした。

この政策は、冷戦体制に突入していた欧米社会のニーズに沿ったものでした。そのことを雄弁に物語るのが、戦後間もない一九四五年に米国政府高官のヴァネヴァー・ブッシュが提出した戦後の科学政策についての報告書「科学、終わりなきフロンティア」です[*26]。ブッシュは、軍事兵器と民生技術双方に転用可能な成果を生むのが、基礎科学研究であると主張しました。そして、戦時体制に引き続き、理工系研究・教育の拡充が続けられることの必要性を説いたのです。

イノベーション政策1・0は、先進国でなかった国々にもアピールしました。当時の一般大衆も、科学・技術がもたらす富に期待していたからです。日本の場合では、一九五七年から一九六二年までの「新長期経済計画」や、池田勇人内閣の所得倍増・高度経済成長政策、そして一九六〇年に科学技術会議から答申のあった科学技術一〇年計画の枠組みの中で、理工系学部の定員増加、科学技術研究費の拡大が実現しました。[*27] こうして一九五〇年代から六〇年代にかけては政策のレベルで、「国民経済に貢献する理工系」と、言及されることがない他の分野、という図式が定着していきました。

「儲かる理工系」の実現化——イノベーション政策2・0

ところで、先ほど「国民経済に貢献する理工系」という表現を使いました。これは「儲かる理工系」とは同じ意味ではありません。この時点では大学の理工系研究者の役割は、主に知識を生み出すことであり、その知識を何らかの製品や商品に変えるのは技術者と企業に雇われた研究者の役割とみなされていました。すなわち、大学の理工系研究者はあくまでも「象牙の塔」から間接的に経済に貢献するのであり、直接に金を「儲ける」こととは距離をとっていたのです。

これは、イノベーション政策1・0で前提とされていた研究開発体制が、企業の自社や系列企業の企業内研究所で研究開発が完結するという方式、いわゆる「クローズド・イノベーション」であったことによります。大学における科学研究と企業との間には分業の意識があったのです。「産学連携」という概念も一般的ではありませんでした。

しかし、一九六〇年代以降になると、やはり欧米の経済学者を中心に、その考え方が問い直されていきます。イノベーション政策に転換の機運が訪れるのです。

発端となったのは、イノベーション政策1・0が、当初想定されていたほど、国家間の経済格差を解消しないということでした。特に、一九五〇年代の時点で発展途上国とされていた国々の間で、経済成長を達成した国とそうでない国の違いが目立ち始めたのです。

東西冷戦の最中にあって、この状態は懸念されるべきことでした。なぜなら、経済的に困難な国ほど共産革命への気運が高まる傾向にあったためです。資本主義陣営諸国としては、皆が豊かで幸せになれるのは自由経済の社会だということを示す必要がありました（事実、日本の「共産主義化」を避けるために米国は人材と資金を投下してきました）。

また、一九六〇年代から八〇年代にかけての西側先進国（北米と西欧）は、同様の政策をとりながらも、経済成長の停滞に見舞われていました。状況を打開するためにも、方針の転換が急務となっていたのです。

そこで経済学者たちは、経済成長において優等生であった東アジア諸国、とりわけ当時経済的繁栄を迎えつつあった日本に関心を持ちました。一九八〇年代ですと、これらの国はまだ基礎科学研究において欧米の水準には追いついていません。そのため、当時日本との間に貿易赤字を抱えていた米国から「基礎科学にただ乗りしている」、すなわち最新の理論研究は自国でせずに外国から輸入し、それを自動車や電子機器といった製品に応用することばかりして利益をあげている、と批判されていました。

しかし、まさにその頃米国ＲＡＮＤ研究所のリチャード・ネルソンと、英国のクリス・フリーマンなどＯＥＣＤに影響力のある経済学者たちが、イノベーションの事例研究として、日本や東アジアの研究開発体制を分析していたのです。[*28] そして彼らは、成功している国の強みは、科学研究と技術開発の現場が近いこと、および消費者のフィードバックが開発者側に活かされていることだと位置付けました。

現代からすると意外ですが、冷戦時代の米国では大学と企業、および消費者の間の交流が乏しく、公的資金を得てなされた基礎研究の内容と市場のニーズとのギャップが大きかったのです。他方、日本などはよくも悪くも、基礎研究の水準が充分でない代わりに、とりわけ工学部を中心に大学と企業の間に交流がありました。狙ってそうなったというよりは、自然発生的に、かつてのコネ社会的なものも混じってそうだったわけです（大学の理工系教授が企業に就職推薦枠を持つことが当たり前の時代でした）。

フリーマンたちはこうした各国比較を踏まえた上で、日本も含めた「イノベーションによる経済活性化の成功例」を意図的に再現する方策を考えたのでした。そこから、導き出されたのが次の二つの認識です。

第一は、大学の理工系に研究をさせて、その成果の活用を企業に丸投げして任せるのではなく、政策により研究の成果を市場化するための制度を整えるべきだ、ということです。

第二に、市場化に成功する発明（すなわちイノベーション）は、必ずしも基礎科学の発展のみから得られるわけではなく、むしろユーザーからのフィードバックなど、異なる立場の人々の間でのコミュニケーションを保障するネットワークが重要だということです。基礎科学の水準が低かった日本の成功はその好例とされました。

言い換えれば、科学の発展に資金を投じれば経済発展を生むという「リニアモデル」では不十分との気づきが生じたのです。

これらの提案は、「イノベーションのための国家システム」（National system of innovation）をそれぞれの国が実情にあわせたかたちで作りあげることが必要だという主張でもあります。後に「イノベーション政策2・0」とよばれることになる一連の政策のはじまりでした。

米国では一九八〇年頃、バイ・ドール法などの法整備がなされ、大学の研究者や企業が国から資金を得て行った研究成果により知的財産権を得られるようになりました。そして、企業の研究開発体制におけるメインストリームが、自社や系列企業の企業内研究所で完結する「クローズド・イノベーション」から、大学やNPO、あるいは他組織と連携して研究開発を行う「オープン・イノベーション」を目指す体制にシフトしていきます。

一九九〇年代に入ると冷戦が終了し、資本主義経済のグローバル化が進行したタイミングで、各国においても同様の政策が採用されていきました。この潮流は、二一世紀という時代が、大学で生み出される高度な知が経済を駆動する「知識基盤社会」であるとのイメージと共に広がっていきます。

イノベーション政策2・0の一番わかりやすい成果は、二〇世紀末から、とりわけ米国において誕生した情報産業、および生命科学系や薬学系のベンチャー企業です。有名なのはグーグルなどシリコンバレーのICT関連産業ですが、その多くが大学の研究者や博士課程学生による起業であり、大学の研究成果（とりわけ応用的研究）を特許化して、商業的成功につなげていました。こうして理工系の研究が、まさに直接の富を産むという意味で「儲かる」分野となったのでした。

理工系博士の活躍できる国、できない国

イノベーション政策2・0の果実を最も享受したのは米国です。二〇一七年の世界時価総額ランキングは、アップル、グーグル、マイクロソフト、アマゾン、フェイスブックと米国企業がトップ5を独占しました。一九九〇年初頭のトップ5（全て米国企業）が石油メジャーや自動車、スーパーマーケットチェーンだったことを考えると、業種ごと様変わりしています。いずれも、一九九〇年代から二〇〇〇年代にかけて急成長し、理工系の専門知識を活かして多国籍展開した企業です。

先に触れたとおり、二〇世紀末から、とりわけ米国において、情報産業から生命科学系や薬学系にいたるまで、様々な専門知識を必要とするベンチャー企業が数多く生まれました。それらの企業は、院卒以上の高学歴人材にも多くの就職先を提供してきました。ＩＣＴ関連産業が有名ですが、製薬企業やバイオテクノロジー系企業はとりわけ成長が著しかったといわれています。

これは、イノベーション政策2・0の進展した同国で、研究者が自分の研究成果を使って起業したり、あるいは営利企業が大学発のアイデアを利用したりすることが容易になっていたからです。欧州の多国籍企業でも、博士号取得者を雇用することにより先端知識の導

入を図るようになりました。[29]

博士号取得者に対して起業を推奨する風潮も高まりました。たとえば、サンフランシスコを拠点とする投資家の宮田拓弥氏は、アメリカで航空工学・宇宙工学の博士号を持つ起業家に投資をした体験を踏まえて「研究者が世界の未来を考えて起業をしてほしい」と述べています。[30]

ただし、米国でも二〇一〇年代に入ると、それまで勢いのあった製薬産業やバイオテクノロジー産業に伸び悩みがみられるようになってはいます。そして、関連の分野の博士号取得者の就職先が減少しつつあります。

OECD諸国全体でも、博士号取得者の急増に社会が追いついていない部分はあります。二〇〇〇年から二〇一二年の間に博士の学位を得た者が、一五万八千人から二四万七千人へと、五六％も増加したからです。

その中でも比較的上手く対処できているのはドイツといわれます。博士号取得者の増えすぎに対して過去二十年間の間対策を行い、うまくいった国の一つとして知られているのです。理工系博士号取得者の産業界での就職が進み、大学で常勤の教員や研究者になるのは六％程度となっています[31]（二〇一一年の時点）。

日本の状況についても触れておきます。実は、イノベーション政策2・0にまつわる動きは、日本では低調に留まっています。産学連携のための制度整備は進みましたが、その成果はめざましいとはいえません。オープン・イノベーションへの転換も遅れていますし、理工系博士号取得者の強みが生きる知識集約型の産業の発展も充分でありません。[*32] そもそも、米国とは正反対に、日本の二〇一〇年代のトップ企業は二十年前からほとんど変わっていないのです。[*33]

起業をすることに関しても、大企業に所属することが重視され、リスクをとって起業することや、そうした企業に就職することも奨励されない風土があり、活発とは言えません。日本の理工系博士の行く道はまだ険しいと言えましょう。

前節で、一九八〇年代の日本がフリーマンら、イノベーション政策研究者にとって参考例になったとの紹介があったので、意外に感じるかもしれません。実際、なぜそうなったのか、明確な答えが出ない部分もあります。ただ、少なくとも次のことは言えるでしょう。

一九八〇年代の時点で、米国は高い基礎科学の水準を維持しながら、大学院レベルの研究が市場で活用されるための環境を整備していきました。これは経済学、経営学や経済史という社会科学を駆使することで行えた施策でした。

その結果、米国は産業界と大学の間の人材交流や協働が活発化するための制度作りを行い、市場化に向いた生命科学や情報科学分野への投資を増やしました。同時に、かなり無慈悲に、冷戦期に花形であった理論物理分野など、政策に沿わない分野への投資を削りました。大学経営の市場化もその流れの一環でした。

それに対して日本は、自然に形成されていたイノベーションの好条件を自ら分析し、意識的に発展させることが充分にはできませんでした。

一九九五年には科学技術基本法が施行され、基礎科学を中心に計画的な自然科学研究への資金投下が始まります。その狙いは米国に散々文句を言われた「基礎科学ただのり」状態を脱却し「科学技術立国」を目指すことでした。

当時の日本からすれば自然な成り行きであったのですが、欧米先進諸国の動きとは逆行していました。丁度同時期、欧米ではイノベーション政策2・0が本格化して、リニアモデルからの脱却が始まっていたからです。

高学歴競争の過熱と不平等の拡大——イノベーション政策2・0の負の遺産

イノベーション政策2・0に伴う産業構造転換が充分に起きていないためか、他のOEC

D諸国と比較すると、日本は文系・理系ともに大学院以上の高学歴を必要としない社会です。

大学四年の学部卒であれば、あらゆる仕事に就くことができるようになっています。そして、「どこまでの学位を持っているか」の学歴よりも「どの大学を出たか」の学校歴が考慮される傾向が強いといわれます。

また、よくも悪くも大学の専門教育が重視されておらず、企業による教育機能が比較的高いため、文系学部出身者がシステム・エンジニアになるなど、他の国ではあまりない進路選択が現状では可能となっています。

このことの意味を考えてみましょう。ポジティブな面を見るならば、日本は（大学さえ出ていれば）学歴上の格差が比較的少なく、学位や専攻により職業選択の幅がさほど狭くならない社会と捉えることができるでしょう。

ネガティブな面を見れば、文系も理系も、高度な教育を受けた人材を生かせる産業の育たない社会といえます。また、専門スキルよりは「国内の特定の大学卒業者」がその他の全ての人々に比べて、過度に優遇される不平等な社会ともいえます。

今後、日本の企業社会が向かっていく方向性にはどのようなものがあるのでしょうか。

イノベーション政策が欧米の動向に追いついて、グローバル化が進展し、幾つかの国々のように、文系、理系を問わず、学歴に基づく人材獲得競争の傾向が強くなっていくという可能性はおおいにあります。

ただ、日本の場合、周回遅れであるがゆえに、その方向で政策を進めた国々で何が起きたかを意識せざるを得ません。OECDの報告によると、とりわけ英国、米国、カナダといった英語圏の国々では顕著に人々の経済格差が広がりました。かつて中流所得層を支えた事務職や工場労働などが、ICT技術を伴う構造改革の進展で人員削減の圧力を受け、不安定な就労の場になったことが影響しています。

かつて発展途上国であった国々、たとえばインド、中国など新興国は、むしろグローバル化の恩恵を受けて個人の所得が増大し、豊かになりました。しかし、国ごとの格差は減ってもそれぞれの国の中での不平等は拡大しています。特に先進国ではいわゆる「分厚い中流層」の分解といわれる現象が進んでいるのです。[*34]

実は、この現状に対して、先にイノベーション政策2・0を唱えた学派の研究者たちから、これまでの方針の見直しの必要性を訴える議論が既に始まっています。

彼らが指摘するのは次のようなことです。イノベーション政策2・0の潮流の中では、巨額の公的資金が先端的な応用科学研究に投下されました。ですが、かつての公共事業などへの投資と違って、ICT、バイオ、ナノテクノロジーなど先端的分野の研究・開発に投入された資金は、地域の一般の人々の仕事をあまり増やしてはくれませんでした。

しかも、それらの成果を受け発展したハイテク多国籍企業は、減税政策の恩恵を受けた上に租税回避すら行う傾向があり、国家の税収増にさほど貢献しませんでした（アップルなどはこうした企業の典型例です）。

つまり、公的資金が理工系の産学連携研究に投下され、市場へと流出した後、先進国の一部の企業を潤すばかりで、社会全体には充分に還元されない。理工系と一部の社会科学系の高学歴者はグローバルな雇用を享受する一方で、一般の人の仕事がますます不安定になる。そのような仕組みが出来上がってしまったのです。[*35]

また、イノベーションの奨励が、地球環境に負荷をかけることになっている、との指摘もあります。それが計画的に「時代遅れの製品」と過剰な消費動向を作り出すからです。ICT技術セクターや、イメージ戦略でモノを売る大半の製造業がこれにあてはまります。[*36]

「儲かる理工系」を世界の常識へと変えた政策は、社会にとっても、自然環境にとっても持続可能ではない経済を作り上げてしまったのです。

イノベーション政策3・0と人文社会科学系――SDGsとSTEAM

従来の政策においては、産業と政府にとって、科学と技術こそが経済を活性化させるために必要であり、それに上手く投資することで、社会の中での不平等も小さくなるのだとみなされていました。しかし、イノベーション政策をこれまで主導してきた学派が指摘したのは、この二〇一〇年代に至って、これまでの方針の欠点が明らかとなったということでした。

かつて、科学・技術の発展とそれに支えられた産業は、人間社会に豊かさだけではなく環境問題をもたらしました。同じようにして、先端科学・技術の市場化可能な成果への集中的投資が、経済的な不平等という問題を悪化させているのです。

不平等は、自然環境問題に劣らない危機的な国際問題であるとの認識が今、急速に広まっています。一つの国の中の不平等は、人々の健康格差や経済格差の急増により、社会保障費の急増と経済の停滞をもたらします。また、何より社会が分断され、政治危機や治安の悪化が人々の暮らしを蝕みます。そして一国の問題が、国家間の紛争に発展する可能性もあります。分断された社会では、しばしば、対立しあうグループ同士がそれぞれ外国に同士を見つけて巻き込もうとしたり、あるいは外交政策が混乱したり、ということが起こるからです。

そのため、自然科学・技術は社会的な課題に取り組まねばならないし、また並行して人文社会科学における研究にも戦略的投資を行わなければならない、という新しい考え方が近年欧州（英国も含む）を中心に出てきました。イノベーション政策3・0とも呼ばれます。経済、環境、社会の三本柱がイノベーション政策の対象となりつつあるのです。

ヨーロッパのホライズン2020、そして二〇一五年に国連で採択されたSDGs（持続可能な発展目標）がその方向を向いています。両者に共通するのは、自然環境への配慮に加え、ジェンダー平等も含めた社会的公正さへの取り組み、社会福祉の一層の普及、そして持続可能な消費パターンや、経済成長を生み出す新しい方法の探求、といった分野横断的な目標です。

この方向転換は何を意味するのでしょうか。一つ言えるのは、もしこの路線が定着すれば、社会的不平等、失業、気候変動といった社会的、環境的課題が経済成長と同等の重要性を持ち、そのために世界中の知性が動員される時代が来るということです。そして、人文社会科学と自然科学・技術をつなげられる人材、すなわち「STEAM」（STEM＋Arts）の視点がこれまで以上に重視されるでしょう[*37]。

イノベーション政策2・0の時代は、「儲かる理工系／STEM」「儲からない人文系」の発想が国境を越えて共有されていました。その二項対立図を普及させる旗振り役となっていたのは、ある意味皮肉なことですが、社会科学でもある経済学や経営学の一部の学派でした。実は、二〇世紀は経済学および経営学が政治を動かした時代であったとの分析もあります（賛否両論ある考え方です[*38]）。

しかし、彼らも決して不平等を拡大させたいと願っていたわけではありません。解決案として考え出したはずの図式に欠点が見いだされ、それを修正しながらここまで来た。それが現在の状況です。

日本の産業界が人文社会系、理工系に対してどういう関わりを持つのかも、これからにかかっています。先に述べたように、日本はイノベーション政策2・0による産業構造の変化は不徹底でした。それが吉と出るのか、凶と出るのか。3・0の波とどのように向き合うのかによっても変わってくるのでしょう。

*1 https://rebe.jp/column/detail/3294/

*2 https://www.nikki.ne.jp/magazine/entry/2017/10/2606

*3 https://www.jstage.jst.go.jp/article/bplus/8/4/8_245/_pdf/-char/ja

*4 上西充子「採用選考における文系大学生の知的能力へのニーズと評価」『生涯学習とキャリアデザイン 二〇一一年度法政大学キャリアデザイン学会紀要』Vol.9、二〇一二年一月 http://repo.lib.hosei.ac.jp/bitstream/10114/7035/1/12_cdg_9_uenishi.pdf

*5 http://college.nikkei.co.jp/article/100390911.html

*6 http://president.jp/articles/-/17115

*7 平尾智隆「理系高学歴人材の人事労務管理」『大原社会問題研究所雑誌』No. 639、二〇一二年一月。http://repo.lib.hosei.ac.jp/bitstream/10114/8069/1/639hirao.pdf

*8 科学技術・学術基盤調査研究室『科学技術指標２０１７』科学技術・学術政策研究所、二〇一七年、一－四頁。

*9 『科学技術指標２０１７』２・２・２。（株）リベルタス・コンサルティング「平成26年度産業技術調査事業調査報告書」学校法人河合塾、二〇一五年、一〇〇－一〇一頁。

*10 二〇一八年三月二八日における平田氏との会話、及び次の文献ＵＲＬより。『別冊月刊ポスドク第八号　失業研究者のしおり』STUDIO7839、二〇一七年一二月三一日、五－一一頁（http://studio7839.net/）。https://www.newsweekjapan.jp/stories/world/2018/01/post-9390_2.php

*11 たとえば次の記事など。https://www.vision-net.co.jp/morebiz/phd_global/ ; http://blog.archiphoto.info/?eid=1170798 ; http://www.mayuyamaguchi.com/archives/1050162025.html

*12 Allen Chen, "More education: Lower unemployment, higher earnings", Career Outlook, U.S. Bureau of Labor Statistics, April 2017 より計算。

*13 NSF, *The Survey of Earned Doctorates: 2016 Doctorate Recipients from U.S. Universities*, 2018, table 49. ; https://www.nsf.gov/statistics/2018/nsf18304/data/tab49.pdf

＊14　佐藤真一郎「学生・院生はどのような状況にあるか」『反「大学改革」論』ナカニシヤ出版、二〇一七年、一三七－一四二頁。

＊15　Liliana Herrera and Mariano Nieto, "Recruitment of PhD Researchers by Firms", Paper to be presented at the 35th DRUID Celebration Conference 2013, Barcelona, Spain, June 17-19.

＊16　『科学技術指標２０１７』第一－二章。

＊17　文部科学省高等教育局「新時代を見据えた国立大学改革」平成二七年九月一八日（日本学術会議幹事会における文部科学省説明資料）。

＊18　論争が広まる経緯については次を参照。吉見俊哉『「文系学部廃止」の衝撃』集英社新書、二〇一六年、一二－一七頁。

＊19　次の記事を参照。Peter Cohan, "To Boost Post - College Prospects, Cut Humanities Departments", *Forbes*, May 29, 2012. Ella Delany, "Humanities Studies Under Strain Around the Globe", *The NewYork Times*, December 1, 2013.

＊20　Alex Preston, "The war against humanities at Britain's universities", *The Guradian*, March 29, 2015.

＊21　シェイラ・スローター、ゲイリー・ローズ『アカデミック・キャピタリズムとニュー・エコノミー——市場、国家、高等教育』法政大学出版局、二〇一二年。

＊22　OECD, *Education at a Glance*, 2017.

＊23　経済企画庁『経済白書』一九五六年（昭和三一年）。

＊24　隠岐さや香「3『有用な科学』とイノベーションの概念史」、中島秀人編『ポスト冷戦時代の科学／技術』岩波書店、二〇一七年、六七－九〇頁。

＊25　Johan Schot, W. Edward Steinmueller, *Framing innovation policy for transformative change: innovation policy 3.0*, Science Policy Research Unit, University of Sussex, draft version 2, 18 October 2016.　以下、イノベーション政策2・0、同3・0の説明に関しても同文献に依拠。

＊26　Vannevar Bush, *Science the Endless Frontier*, United States Government Printing Office, Washington, 1945.

＊27　廣重『科学の社会史』第一一章。

＊28　たとえば次。Chris Freeman, "The 'National System of Innovation' in historical perspective", *Cambridge Journal of*

*29 隠岐さや香「3『有用な科学』とイノベーションの概念史」六七－九〇頁。
*30 https://thefirstpenguin.jp/（二〇一五年一〇月七日の投稿）。
*31 David Cyranoski, et al., "Education: The PhD factory", *Nature* 472, 276-279 (2011).
*32 宮野公樹「産学連携を問い直した結果としての産学連携」『反「大学改革」論』ナカニシヤ出版、二〇一七年、二三－四一頁。
*33 西村吉雄「中央研究所とイノベーション、その興隆と衰退」『日経XTECH』二〇一八年四月二日記事 http://tech.nikkeibp.co.jp/dm/atcl/column/15/101800135/032200015/?n_cid=nbpnxt_fbbn
*34 Milanovic, B., *Global Inequality: A New Approach for the Age of Globalization*, Harvard University Press, 2016.
*35 Jan Fagerberg, Ben R. Martin and Esben Sloth Andersen ed., *Innovation Studies: Evolution & Future Challenges*, Oxford, Oxford Univ. Press, 2013, ch. 10.
*36 *Innovation Studies*, ch. 6.
*37 英語のArtsには「人文科学」の意味があります（中世の「自由学芸」の意味を引き継いでいるため）。ただし、STEAMのAをArts and designと捉える解釈も存在し、特にアメリカの学校教育の文脈では、アートを交えた理科教育の取り組みとして知られます。http://stemtosteam.org/
*38 Marion Fourcade, *Economists and Societies: Discipline and Profession in the United States, Britain and France, 1890s to 1990s*, Princeton, Princeton Univ. Press, 2010.

第4章

ジェンダーと文系・理系

日本は進路選択の男女差が大きい国である

文・理の「分かれ方」にはジェンダーの問題も関わっています。そして、日本は進路選択の男女差が大きい国といわれています。[1] 特に理工系選択者の女性の数が顕著に少ないのです。また、社会科学（特に法や経済）を選択する女性が少ないことでも知られます。

実際の数字を少し見てみましょう。OECD諸国を比べた統計によると、[2] 工学部卒業生に占める女性の割合が日本では一割前後（二〇一四年は一三％）ですが、二〇一四年のOECD諸国平均は二六％、オランダ、アメリカやイギリスなど西洋諸国はいうまでもなく、お隣の韓国も二四％に達しています。理学部に関しては、日本の女子学生比率は二五％であり、OECD諸国平均が四割であるのを考慮すれば最下位グループといえます。

なお、工学部でいえばスイスやドイツ（女子学生率一－二割）、理学部ならチリ（二一％）、オランダ（二七％）、などという国が、理工系の女子学生比率では大体日本と同じ所にいます。

しかし、日本が独特といえるのは、社会科学系学部卒業生についても三九％と女子学生が少ないことです。先に述べた、「日本は進路選択の男女差が大きい」はこの点も踏まえてのことです。スイスやチリのように理工系において女子学生が日本と同様に少ない国であっても、この点は違っているのです。なお、OECD諸国の平均では社会科学においてはむしろ女子学生の方が多い（六割程度）ことが知られています。

人文科学系学部に女子学生が多いのはＯＥＣＤ諸国でも共通ですが、日本は六九％とＯＥＣＤ平均を上回り、女子学生の占める割合が多い国の一つです。人文科学系に加えて、「サービス系学部」として区分される福祉や家政学の領域に女子学生の比率がとても高いのも日本の特徴です。ＯＥＣＤ平均は五五％であるのに対し、日本では七六％を占めているのです。

日本は理工系に女性が少ない一方で、市場に結びつきづらい分野である人文科学系、あるいは伝統的に女性が担う傾向のあったケアの領域に、とりわけ女性が多い国なのです。

私は授業で教員としてこの話を何度か扱ったことがあるのですが、授業アンケートでしばしば全く正反対の二つの意見が見られるのは印象的でした。一方に「それが日本の文化なのだから無理に変えなくてもよい」という意見や、「男女で適性が違うというだけのことではないか」という意見があり、他方には「私は文学に興味があったが、親に就職を考えれば法か経済に行けといわれた」（男子学生）、もしくは「理系に進んだが、女の子なのに変わっているといわれた」という趣旨の記述があるのです。

教室もやはり社会の縮図なのでしょう。一方に「そういう文化だから」「男女で向き不向きがあるからこれが自然」と思っている人々がいて、他方には、そのような考えを持つ人々に希望した進路を変えるよう勧められたり、例外的な存在扱いされて戸惑ったりする体験をした人々がいるわけです。

この話題はインターネット上でも議論が多く、なかには高校の教員に理工系進学を諦めるよう誘導されていやだった、差別されているように感じた、との証言を残している例もみられます。[*3] 先の統計もあわせてネット上のつぶやきを読んでいると、男性だから、女性だから、という思い込みに従い、本人の適性や希望を無視した進路が推奨されている傾向が日本では強いのだろう、と推測できます。だとしたら、それは不幸なことではないでしょうか。

とはいえ、日本が他のOECD諸国と全く違う方向を向いているかというとそうでもありません。長期間の傾向を観察する限りでは、他の先進国と似たような方向性、すなわち男女の格差が縮まる方向に向かっています。特に社会科学系ではその動きが顕著です。

たとえば、一九八五年に社会科学系の学部に進学した女子学生の比率は一割以下でした。それが二〇〇〇年になると二七%に上昇します。そして二〇一五－二〇一七年の学校基本調査では三割台の後半になっています。理工系についても、はるかに緩やかながら、同様の変化が見られます。[*4] そして今日問題とされているのは、この差がどの程度縮まりうるのかということです。なぜなら、その認識によって高等教育政策のあり方も変わってくるからです。

分野適性と性差、困難な問い

男女の能力や適性に違いがあるのかという問題は、長い間論争の的となっています。特に「理工系分野への適性」、それも特に「数学や物理の能力に性差はあるのか」という問題は人々の関心が高く、研究の蓄積もあります。その一方で、「人文科学への適性」や「社会科学への適性」、あるいは「教育学部への適性」等々はさほど議論になっていません。本書の趣旨からするとこの偏りは残念ですが、そのようなわけで、扱うものも、女性の理工系分野への適性について扱った先行研究が多くなります。[*5]

先に「男女の性差」特に「女性の理工系分野への適性」論争に関する現時点の状況を述べます。この論争には全く決着が付いていません。がっかりされるかもしれませんが、それはこの問題が見かけ以上に複雑なものだからです。

そもそも、「女性の理工系分野への適性」というのは何を意味しているのでしょうか。それは「男女で理工系科目の成績は違うのか」ということでしょうか？　それとも、「理工系の大学に進学する女性がなぜ少ないのか」ということか、あるいは「科学者になる女性がなぜ少ないのか」ということでしょうか？　あるいはその全てなのでしょうか？　この三つの問いのどれに取り組むかで、それぞれ調べる対象となる集団も違えば、調査方法も違ってしまいます。

第一の問いは全人口が関わる問題です。従って、知能テストや一斉学力調査のような形で調べられるものです。ただし知能テストか学力テストかで結果が微妙に違うことでしょう。

二番目の問いは大学に進学できるような経済的、学力的余裕のある人、先進国であればある国における全人口の三割～五割くらいの人に関わる話です。しかしこの場合は、単純に能力的な問題だけではなく、本人の経済的な状況や、進路に対する先入観などがどの程度、進路選択に影響したかを調べなければ、適性の問題について考えることはできません。

そして第三の問いになると、全人口のうち能力的に上位〇・一％、あるいはそれより少ないくらいの層を問題にすることになります。しかし、その場合は一体、何を調べればよいのでしょうか。学力テストは一つの指標になり得ますが、一五歳の時に数学のテストで上位〇・一％に入った人が、その後も優れた数学者ないし科学者になるという保証はありません。かといって、既に成功して研究者となった人を調べたのでは、「能力がある人を潰してしまうような社会的な差別はなかったか」どうかはわかりません。

それに加えて、適性を考える際に、「差別など社会の側の問題」か、「脳やホルモンなど生物学的な男女の違いが背景にあるのか」という二分法的な問いをたてること自体を疑問視する人々もいます。

近年の脳神経科学研究でわかってきたことですが、脳はとても柔軟な器官であり、ある環境で育てられた個人は、それに合わせて脳のあり方が変わってしまうことがあります。そのため、社会の影響を受けない生物学的な条件を調べるのがとても困難なのです。たとえば、子どもの頃からよくサッカーで遊んでいるのと、家の中で人形遊びをしているのとでは、脳機能のあり方に違いが出てしまいます。

しかし、「難しい」「わからない」で終わってしまってはつまらないので、とりあえずこれまでの研究の積み重ねから知られていることを紹介したいと思います。

知能テストや学力テストからみえてくること――数学と科学の場合

❶時代ごとの変化と、地域ごとの違い

何らかの能力を測るテストを用いた調査や進学率のような数字からみえてくるのは、「性差があるか」という問いへの答えは「いつどの地域で何を調査するか」に強く依存するということです。

手始めに、一九九五年にラリー・ヘッジズとエイミー・ノウェルが『サイエンス』誌に発表した論文をみてみましょう。この論文は、米国における十代の男女の能力を対象にし、一九六〇年から一九九四年までに公表された六つの研究を調べました。

それによると、男性、女性の能力の平均値はあまり変わらないけれど、上位者ならびに下位者の分布をみると、男女の差はあるというのです。上位者の中でも、男性の方が科学、数学、空間推理力やさまざまな機械操作スキル、社会的学習能力テストにおいて優れた成績を収めていました。他方、女性はある種の言語能力、連想記憶力、知覚速度において優れていました。[*6]

しかしながら、この結果だけで、男女間の能力の性差とその傾向が普遍的なものと断言

することはできないとの意見もあります。たとえば米国では若年でも大学進学希望者を対象とした大学進学適性試験（SAT）を受けることができますが、このうち一三歳未満で数学（すなわちSAT－M試験）において七〇〇点以上だった子どもの男女比は一九八三年では一三対一でした。それが、二〇〇五年には四対一にまで差が縮まっていたそうです。[*7]

更に二〇世紀中頃まで遡ると、当時は男子と女子の能力が平均値においても違っていて、女性が単に知的に劣っているとの考え方が主流でした。それが二一世紀初頭には「男女の平均値はほぼ同じだが、優れた者の間で違う」という見解に変化したわけです。この調子で変化すれば、現在は少しずつ差がなくなりつつある途中で、未来にはそれもほとんどなくなるのでは、と推測することも理論上は不可能ではありません。

国ごとの違いも興味深いです。二〇一二年に六五の国と地域で一五歳の少年少女が参加したPISAテストを分析したOECDの報告書によると、[*8]数学、科学のテストにおいては、国ごとの平均点の差の方が一国内での男女間の違いよりも大きくなります。これは、平均的な得点グループ、上位得点グループ、下位得点グループと分けた場合のいずれのグループにおいても同様です。

また、例外的ではありますが、男女の差がほとんどない、あるいは平均的な傾向とは真逆な（つまり数学や科学で女子の方が成績の良い）いくつかの国、地域も存在します。たとえばマカオやシンガポール、台北などでは、男女の点数差がほとんどありません。また、カタールやヨルダンといった国々では科学において上位得点者の女子が上位得点者の男子よりも高い得点を取っています。

ＰＩＳＡテストの受験者は決して一つの国ないし地域のあり方を完全に代表するものではありませんが、一部の中華文化圏や中東文化圏といった、西洋とは異なる文化的背景を持つ地域で、男女の成績が違う振る舞いを見せているのは注目に値します。

❷「自信のなさ」と「問題の出題形式」が成績に与える影響

先にあげた報告書においては、数学や科学の成績が低くなる要因についても興味深い考察がみられます。その一つは「自信の有無」、二つ目は「問題の出題形式」の影響です。

二〇一二年のＰＩＳＡテストでは調査のため、受験者に「数学に自信があるか」の程度を尋ねていました。そして、大半の国で女子の方が男子よりも有意に強い数学への自信のなさを訴えました。しかし、その不安のレベルが同程度の受験者同士を比較すると、男女の間の成績の差がほとんどなくなるそうです。また、女子の平均点が男子の平均点を上回っていたカタール、ヨルダンおよびアラブ首長国連邦においては女子よりも男子の方が「数学への自信のなさ」を訴えていました。

数学に自信がないということは単なる心理的な影響だけでなく、「数学の問題を回避してしまう」「失敗を恐れて問題を解くための試行錯誤をしない」という態度につながってくると考えられます。すなわち、最初から「自分にはできないのではないか」と先入観を持ち、その結果、学力を伸ばす努力をしなくなるし、問題を解いていてもすぐに諦めてしまいやすくなるのです。そのような「自信のなさ」に取り憑かれた集団（大半の国では女子の方が多い）は数学の平均点も低くなるでしょう。なお、同様の傾向は科学の科目についてもみられるようです。[*9]

自信の有無に加えて、「問題の出題形式」も男女で成績の違いをもたらすといわれています。ＰＩＳＡテストには様々な出題形式の問題がありますが、同じ科学リテラシーや数学リテラシーといった科目でも、男女それぞれで得意もしくは苦手とする問題のタイプが違うようなのです。

たとえば、「抗生物質の効き目を説明しなさい」など、あらかじめ知っている科学的な知識の応用が必要となる問題では男子の方が高い正答率を出します。科学的知識や数学的な方法で現象を説明すること、そして数学的な定式を現象に当てはめる問題を男の子は得意とする傾向があるようです。[*10]

それに対し、ある病気について、医者の観察記録文章をもとに、原因解明の手がかりになる証拠をつきとめる問題となると、女の子の方が高い点数を取る傾向にあります。記述された現象の中から「何が科学的な問題であるのか」を見つける問題では、女の子の方が優れた得点を取りやすいのです。

「(観察された)現象から科学的な問題を見つけること」と「数学や科学的な知識を応用すること」のどちらも、科学的な思考や研究のためには重要です。ただ、受験を意識しなければならない高校までの科学(理科)の授業では、問題を見つけることより、知識を応用して問題を解く訓練が優先されがちです。高校までの理数系教育は、前者が得意な女の子が自信をなくしやすい環境となっているのかもしれません。

「生まれつきの才能」イメージの危険性

「自信のなさ」に影響を与える要因の一つに、差別の問題があります。過去の調査によれば、歴史的に差別されたことのある集団も、数学および科学教育においては全体として平均点が高くないことが知られています。たとえばある研究によると、アフリカ系アメリカ人は、「白人だけが科学や数学の科目で成功できる」との考えや、もともと「賢い」人々だけが科学や数学で良い成績を取ることができるとの考えを持つ傾向が、男女を問わずみられるそうです。[*11] 一九世紀から二〇世紀にかけて、アフリカ系アメリカ人も、女性も、共に「生まれつきの知性が欠けている」という偏見の対象となってきました。[*12]

文系、理系を問わず、「生まれつきの才能を必要とする分野」という信念が、差別の歴史を持つ人々、たとえば女性や特定の人種・民族を特定の分野から遠ざけている、ともいわれています。二〇一一年に米国内で行われたある調査では、一八二〇人の様々な分野に所属する大学教員、研究者、大学院生に対し、「あなたの分野で研究するのに必要な資質は何だと思うか」と尋ねました。その結果、「生まれつきの才能が必要である」との信念が強固に示された分野ほど、博士号取得者の中における女性、およびアフリカ系アメリカ人の割合が少なかったのです。他方、アジア系アメリカ人にはこの信念があまり影響していませんでした。

「生まれつきの才能が必要」との信念を表明する人が多かった分野は、理工系だと数学や物理、コンピュータサイエンスです。人社系でも、哲学のような分野が非常に強くその傾向を示しました。他方、理工系でも脳神経科学や地球科学、分子生物学などは「生まれつきの才能」へのこだわりがあまり示されませんでした。そして実際に、二〇一一年の米国において分子生物学の博士号取得者における女性の割合は五四％に達していましたが、哲学の博士号取得者のうち女性は三一％しかいませんでした。なお、人社系の中でも教育や心理学など「生まれつきの才能」にこだわらない傾向の強い分野では、七－八割の博士号取得者が女性となっています。

また、当人の諦めやすさの問題に加えて、「生まれつきの才能」を重視する姿勢は、評価する側の態度や、分野全体の空気も変えてしまいます。実際、調査をまとめたS－J・レスリーらによれば、自分の分野には「生まれつきの才能が必要」とみなしている人は「この分野では男性の方が女性よりも高い業績をあげるのに適している」という考えに賛同する人が多く、かつその分野が「女性にとって居心地のいいものではない」と捉える人も多かったのです。[*13]

とはいえ、ある分野、特に数学などについては「生まれつきの才能が必要」という考え方は今でも多くの人に共有されています。そういった「生まれつきの才能」という考え方に問題があるといわれても、すぐには納得できないかもしれません。しかし、次に取り上げる研究は、少なくとも教育の場においては「生まれつきの才能」という考え方はひかえる方がよいことを示しています。

キャロル・S・ドゥエックは中学生を二つのグループに分けて、一方には「能力は生まれつきのものではなく、成長するものだ」というメッセージを伝えながら数学の授業を行い、もう片方には通常の数学の授業を行いました。その結果、「能力は成長する」と教え込まれた方のグループにおいては男女ともに成績が向上しました。対して、通常の授業を受けたグループでは一度成績が落ち込んだ生徒の回復が少なく、男女差も含めて、全体的に格差が大きく開いてしまったのでした。

一般に中学校は数学についての好き嫌いや成績の個人差が強まり、男女の間の成績差も目立ってくる難しい時期です。そういう時期に「数学には生まれつきの才能が必要」という巷に流布している言説を聞いてしまうと、ちょっとした失敗でも自信を失い、そのあと努力しなくなりやすいのです。しかしこの実験では、教員が「生まれつきの才能では数学の成績は決まらない」とのメッセージを流し続ければ、自信の喪失を防げることが示されました。[*14]

大学院など、専門の研究者を養成する現場であっても、生まれつきの才能や素質についてあれこれ推察するよりも「粘り強い努力」が重要と考える人はいます。筑波大学の名誉教授で代数幾何学に業績のある木村達雄氏は、「数学は体力だ」という先人の言葉を紹介しています。一般的な数学者のイメージからすると、少し意外な表現です。数学の発見のためには、寝ても覚めても数学を考える粘り強さと、それを支える体力が必要というのです。実際に木村氏の場合は、武術で鍛えた体力が集中力を生み、数学のため惜しみない努力を続けることで発見につながったそうです。[*15]

無論、どんなに頑張っても実力が及ばないということはこの世に沢山あります。しかし、能力が本当に足りないのかどうかは、その人が実際に努力をしてみてから明らかになることです。本人が頑張る前から「才能」を持ち出してきて決めつけるのは、その人から未来の可能性を奪うことになりかねません。

認知機能の性差とホルモン・脳・環境

「生まれつきの才能」という考え方は差別になりやすい。だからそういう考えを持たない方がいい。このような話をすると、「男女の間には、生物学的な性差もあるのではないか」との主張をする人がいます。米国でも、一〇年ほど前ですが、実際にハーヴァード大学の学長がそのような発言をして大論争になりました。近年では、グーグルの社員が「女性はエンジニアに向いていない」との主張をして解雇になり、論争になりました。

男女の脳は、ホルモンや出生前の発生段階における脳の性分化（脳の構造が実際に変わってしまう）による性差はあります。ただし、差の大きい部分は主に生殖行動や情動など、進化の段階からすれば古い脳の部分（辺縁系や視床下部など）です。対して、本書のテーマに関わる認知や言語機能など人間の知的な機能を司る脳（新皮質など）は環境刺激の影響が大きいため、既に述べたように、よく分からない部分が多いのです。実際に「脳が違う」のが事実であったとしても、「どうして違うのか」について検討すると、環境とも生得的なものとも、その相互影響とも考えることができて、単純には割り切れないからです。[*16]

よく、女性は言語的課題に優れ、男性は数量的課題に優れているなどといわれますが、近年の研究が示すところはそれよりもずっと複雑です。たとえば女性はある種の計算に秀でており、場所の位置関係の記憶に強い傾向があるが、男性は空間がどのような構造を持っているか類推することに強く、ある種の社会的体験が関わる言語学習に秀でている、といった、微妙な違いなのです。むしろ両性は予想以上によく似ていると考えた方がよいでしょう。

数学や科学に関わりがありそうな認知能力で、男性の方が高い得点を取りやすいのは、心的回転を必要とする空間認知の問題です。三次元の物体がいくつかの方向で示され、それらが同じ形状のものかを考える課題や、ある二次元の展開図がどのような三次元の物体になるかを判断する課題で調べることができます。

この点に関しては、男性と女性の違いがどこに由来するのかを突き止めるため、様々な研究がなされてきました。空間認知能力は、後で述べるように環境の影響も受けますが、胎児期におけるアンドロゲン（男性ホルモン）の量にも影響を受けると考えられています。そのため、男女の生得的な認知機能における性差を論じる際にはよく引き合いに出されることになりました。

とはいえ、ホルモンのような生理学的条件が、どの程度個人の能力に影響を与えるのかについてはよくわからない部分も残っています。なぜなら、ホルモンに劣らず社会的な背景が大きな影響を与える可能性も示唆されているからです。

一つ例をあげると、先天性副腎皮質過形成（ＣＡＨ）を持つ女児は血中におけるアンドロゲン（男性ホルモン）のレベルが高く、他の女児よりは平均的に優れた空間能力を示し、活動的な遊びや動く玩具を好むなど、男児と似た行動パターンを示すことが多いそうです。しかし、ホルモンで全てが決まるわけでもありません。ＣＡＨの女性患者は、同じレベルのアンドロゲン濃度を示す男性よりも、やはり他の女性の方に似ています。

高いレベルのアンドロゲンはＣＡＨの女子に運動刺激を好む傾向を与えますが、成長の過程をどのような環境で過ごすかも重要です。親が彼女の望む男の子っぽい玩具を与えるかどうか、男子のグループと過ごすか、または女子のグループと過ごすか、そして学校では教師が彼女の興味に応えた教育をしてくれるか。そういったことからも大きな影響を受けるのです。

更に本質的な問題もあります。そもそも、認知能力テストで示される性差に着目することが、「理工系への女性の適性」といった大きな枠組みを考察するにあたりどの程度有効かわかりません。実際の所、空間認知能力が、物理学や工学、コンピュータ科学などのような分野でよい成績を収めるにあたりどのくらい重要かを示す決定的な証拠は得られていません。

たとえば、ユダヤ系米国人は空間的推論に関する項目でやや低い得点を取るにもかかわらず、科学者や数学者には多すぎるほどに存在しています。[*17] また、女性はPISAテストの読解リテラシー能力では男性より高い平均点を取るのですが、[*18] この性差は多くの男性が人文科学や社会科学分野で成功することを妨げていません（ただし、後ほど述べるように、言語能力の問題は、OECD諸国において男子の方に学齢期の「落ちこぼれ」を多く生む要因となっている可能性が示唆されています）。

これを理工系学部・大学院の卒業者が民間企業で就く職業にまで話を拡げると、更にことは複雑になります。先に触れたグーグル社員の解雇事件の際にも、エンジニアがどういう職業かについて議論がありました。一方に、コーディングの才能と、競争的で攻撃的な環境への適応力が必要だとの意見があります。しかし他方には、そんなものはエンジニアの世界でもキャリアの浅い段階にいる者の意見で、上位の仕事になれば他者を理解し、協調していける社会性の方が必要になるとの意見があります。[*19] 前者と後者ではかなり違う能力が想定されており、認知能力の性差を考察するだけでは答えが出せないのは明白でしょう。

なお、ここまで男性と女性の二分類で話してきましたが、実際には人間の性は多様です。人によっては、人生のうちに女から男へ、あるいは男から女へと、ジェンダーの移行を体験することもあります。そうした人々はこの論争をどのように捉えているのでしょうか。女性から男性へと移行したトランスジェンダーでもある研究者の意見をみてみましょう。

脳神経生物学者のベン・バレスは女性として生まれましたが、40代の時に男性ホルモン投与など、性別移行のための医療措置を受けて男性となりました。彼は、ホルモン状態の変化は確かに空間認識能力を示す知能テストの点数を変えたと証言しています。しかし、「未だに運転するといつも道に迷ってしまう」そうです。

バレスにとって「最も大きな変化は、私がトランスジェンダーだと知らない人々が、より敬意をもって私を扱う」ことでした。「私は男性に言葉を遮られることなく物事を言い終えることができる」と彼は述べています。[*20] このたった一人の証言からも、ホルモン、認知機能、そして環境のあり方と経験の積み重ねといった要因が、どれだけ繊細に絡み合って、私たちの知性や認識を形作っているかが窺えるように思います。

男性はどのように理工系に引き寄せられ、女性はどのようにそこから遠ざかるのか——ジェンダー役割とステレオタイプ

❶子ども時代

男の子を理工系に引き寄せ、女の子をそこから遠ざける環境的な要因については様々なことがわかっています。

まず、多くの研究があきらかにするのは、親や周りの人々が、たとえ目に見える性差のない赤ちゃんに対しても、無意識のうちに女の子と男の子とで違う態度を取っていることです。その結果、社会環境が男の子と女の子の差異を強化、増幅し、違う興味関心を持たせる方向に働きます。

たとえば、実際の能力とは別に、男の子の親の方が、女の子の親よりも自分の子どもの運動能力を高く評価し、数学や科学に対する才能を期待する傾向があるようです。また、親が男の子に与えるオモチャはレゴブロックなど空間的な認知の向上に寄与するものや、メカニックな乗り物など理工系とつながりの深い対象を多く含みます。[*21]

更に子どもの学力や意欲付けに影響がありそうなのは、会話の話題の違いです。博物館

にある科学展示の前で行われた親子の会話に関する調査からは、男の子と一緒にいる親は女の子といる場合に比べて、科学についての説明に3倍以上の時間をかけていました。それは子どもが明確な興味関心を持たない乳児の年齢であっても変わりませんでした。[*22] このような経験が積み重なり、子どもは自分に期待されている方向性を暗黙の内に学んでいきます。

❷ 中学校から高校まで

一部の先進国では高校レベルでの男女の理数系科目の成績はほぼ同じになっているようですが、日本の場合はまだそうではなく、男女の格差が残っています。そして中学校から高校の時期は、女子が理数系科目の点数を落としやすい時期です。この時期にとりわけ、自信喪失が起きるのです。[*23]

教師が「女の子は理数系科目に向いていない」などと発言するのはもってのほかですが、それ以外にも、数学や科学の時間に男の子ばかりに問題を解かせようとしたり、男の子には厳しく、女の子は甘やかしたりなど男女で態度を変えることも、女の子に「自分は期待されていないのでは」との印象を与えることがあります。このように、暗黙のうちに、過去の偏見に基づくジェンダー役割を伝えてしまう教師の態度は「隠れたプログラム」と呼ばれます。[*24]

❸大学の進路選択

大学生になってからも、理数系科目における女子学生の意欲や学力は環境からの影響を受けます。特に、ロールモデルの影響は大きいといわれます。二〇一一年に行われたある実験では、生物、化学、工学分野を専攻する女子学生を二群に分け、一方は男性の教師、他方のグループには女性の教師による講習を受けさせました。講習の内容は彼女たちがまだ習っていない高度な数学でした。その結果、女性教師が担当したグループにおいて、女子学生の積極性と、理系科目への親近感、そして成果が有意に向上したそうです。[*25] 女性教師をみていると「自分にもできそうだ」と感じた人が多かったということでしょう。このようなロールモデルの効果は親や姉妹、知人などでも起こりえます。

ただし、進路選択の際には、もちろん男女それぞれの積極的な興味関心も影響しています。心理的な傾向として、女性は理工系に進学するとしても、人や生物指向の分野に興味を感じ、医学、畜産学、生物学などを志向する傾向が強いといわれます。

対して、同程度の数学や科学の能力傾向を持つ男性は、モノ指向の分野、すなわち理工系なら数学、工学、コンピュータ科学、物理学などを志向する傾向が強いといわれます。このように、数学や科学の成績が同程度であっても興味関心に基づき、男女の進路傾向が分かれていくという現象はあります。[*26]

こうした進路選択に影響する要因としては、何らかの生得的な要因に加えて、長期にわたり存在している伝統的なジェンダー役割イメージの影響はあるでしょう。たとえば女性は家の中で子どもという生物のケアをし、食べ物という化学物質を扱ってきました。男性は外に稼ぎに行き、そこでモノ作りなどに携わり、数えたり力学的な思考を必要とすることも多かったでしょう。

しかしそれだけではなく、短期間の社会的な変化が影響を及ぼすこともあります。たとえば、一九八〇年代初頭の米国においてコンピュータ科学の分野は専攻者に占める女子学生比率が三五%に達していましたが、一九八三年前後から急に減少し、二〇一〇年には二割に満たない状況になってしまいました。

一九八〇年代初頭というのはコンピュータが家庭用ゲーム機として普及し始めた時期です。それより前の時代のコンピュータは玩具からは遠い、実務的な機械でしたが、ゲーム機の登場で「男の子向け玩具」のイメージが強まりました。その途端に、女性が遠ざかっていったのでした。[*27]

このように日常の中で触れる道具からも人々はそれぞれのジェンダーについてのイメージを形作っており、それが大学の進路選択という問題にまで影響をすることがあります。

ジェンダーステレオタイプ（思い込み）と研究職の世界での差別

成人して進路選択をしたあとも、ジェンダーステレオタイプの問題はつきまといます。社会の中で共有されるジェンダー観が、無意識のバイアスとなり、それぞれのジェンダーに典型的ではない職業に就いた人に不利な働きをすることがあるからです。

やはり研究が多いのは理工系の女性研究者についてなので、それを見ていきましょう。アメリカの事例ですが、二〇〇四年のNIH Pioneer awardsという研究計画の審査では、女性の受賞者がゼロでした。しかし、翌年、公募要綱にあった「高いリスクを取る」「強いリーダーシップ」という言葉を除き、審査委員にも女性研究者を入れたら、女性受賞者が全体の四三％に増加しました。審査委員の性別だけではなく、ジェンダーステレオタイプと結びつく文言を変えることで、女性の応募者の数と選出基準の双方に変化が生じたのです。[*28]

また、理工系で実験を行うような研究をする場合、必要とされるのはいわゆる知的能力や専門性に加えて、チームビルディングやリーダーシップといった人間関係上の能力です。それは、もともと男性の多い理工系の世界で、うまくリーダーとしてチームを率いることができるかという挑戦を意味します。女性の進出が比較的進んでいる米国であっても、この部分に難しさを感じる女性はまだ多いようです。これは、個人プレーで調査・研究をすればよい分野（大半の人文社会科学はそうです）を目指す場合にはさほど経験しない類の悩みです。

たとえば、二〇一一年に改訂・出版された理系研究者のための研究室経営マニュアル、『アット・ザ・ヘルム』では、女性が自然に身につけている話し方——謙遜したり、感謝や謝罪の言葉を頻繁に述べたりすることや、気遣って間接的な物言いをしたり、部下に命令するのをためらい「一緒に作業しましょう」と言ってしまったりすること——が、ボスとして研究室を率いていく上でマイナスになりやすいと指摘しています。女性は男性と同じような言動、行動ができないと、優柔不断、自信がなさそうとの印象を与え、評価が下がる危険性が高いのです。しかし残念ながら、女性が男性と全く同じように自分の手柄を誇示し、命令口調で話し、断定的な物言いをしても、むしろ反感を買ってしまう可能性が高い、と同マニュアルは述べています。[*29]

女性的ではいけないが、男性と同じにしてもうまくいかない。この二重の板挟み、いわゆる「無理ゲー」的状況を認識しつつ、かつ、あまり考えすぎずに泳ぎ渡っていける人でないと出世するのが難しい。このことは、女性で初めてフェイスブックのCOOとなったシェリル・サンドバーグも指摘していました。[*30] 伝統的に男性の多い職場にはしばしばみられる特徴が、理工系研究職の一部にも根強く残っているのです。そのため、女子学生によっては心理的な難しさを感じ、たとえ才能があっても、研究室のスタッフもしくは補助的な役割のままでいいという選択をしてしまう場合があります。

ジェンダー格差はなぜ問題視されるのか

日本の科学技術政策を定めている第四期科学技術基本計画（二〇一一年～二〇一六年）では、女性研究者の新規採用割合について、理学系二〇％、工学系一五％、農学系三〇％、および医学・歯学・薬学系あわせて三〇％という数値目標を定めていましたが、達成されませんでした。[*31]

また、女子学生に大学の理工系の魅力を伝えるため、中学生や高校生と女性研究者を交流させてロールモデルを示す取り組みもなされていますが、その成果も飛躍的とはいえないレベルに留まっています（特に大学進学については、むしろリーマンショック以降の不況なども考慮せねばなりません）。

このような現状について、女性がそもそも理工系に行くことを本当に望んでいるのかと取り組み自体を疑問視する声から、中学や高校の段階で女子生徒の理工系への情熱がどのように踏みにじられていくかを切々と訴える声まで、実に様々な意見があります。

取り組み自体の意義を認める人でも、数値目標だけが前面に出ていることへの違和感はしばしば共有されています。教育現場でのジェンダー差別について社会的な議論が深まる前に、数値目標だけが一人歩きしてしまった側面は否めません。

この機会に改めて、なぜ現在、科学技術人材育成におけるジェンダー格差を減らすことが国際的なレベルで奨励されているのか改めて整理してみたいと思います。実際の所、このような政策の背景には同床異夢とも言える様々な考え方があるのですが、基本的には、次の三つの論点が背景にあると理解してよいでしょう。

(一) 性差別は人権の問題であり、全ての人に適性に応じた進路選択、職業選択の自由が保障されるべく政府は努めねばならない。
(二) 少子化・理系離れ（先進国に共通）による将来的な科学・技術者不足に対処するためである。
(三) 多様性（diversity）の推進の一環として、研究に「多様な人々」が参加すること自体が科学・技術の研究を豊かなものにして、それまでにない新しい発見を増やしてくれる。

このうち、(一) と (二) はあまり説明の必要がないでしょう。理工系は先進国においては比較的就職率がよく、高い生涯賃金をもたらす仕事に就くことが期待できる分野です。女性がそうした分野に自信を持って参入するようになることは、女性の職業選択の自由が広がることと、理工系人材の充足という二つの目標達成につながります。また、同じくジェンダーステレオタイプに影響され、人文系を回避していたような男性が自由に進路を選ぶことにつながるかもしれません。

ただし (一) は個人の自由の問題、(二) は少子化の進む日本という国家の事情ですから、両者は性質の違う、場合によっては利害の一致しない目標でもあります。また、(二) は国家の理工系重視な姿勢が露骨に出ていると感じる文系の方もいるかもしれません。

(三)については少し解説が必要かと思います。これは前章でふれた二一世紀のイノベーション政策に由来する考え方だからです。企業の労働環境についての議論で、ダイバーシティ、あるいは「多様性」とか、インクルージョン、あるいは「包摂」といった言葉を耳にした方も多いのではないでしょうか。それと同じ思想に由来するものです。

まず、ここで、「多様性」といっているのは多様な人々が増えるというニュアンスです。一般的に、決まったタイプの人しか理工系の研究にあまり参加していないことは、科学・技術研究のあり方を狭めてしまう危険性があるといわれています。それは必ずしも男女の問題だけではなく、文化や国籍、貧富の格差、異性愛・同性愛といった性的指向の問題、障害の有無などあらゆる「多様性」が関わります。女性の問題はその一つといってよいでしょう。

歴史的にも理工系には先進国の男性が多かったわけですが、その結果、その種の人々にとって関心の深いテーマの研究は非常に発達するが、そうでない分野については思わぬ視点の欠落があることが知られています。そして、その状況はマイノリティにとって、時に生命に関わる危険な見落としを孕んでいることがあります。

一つ例をあげましょう。医学の分野では、長い間、疾患を扱う際に肉体の性差を大きな問題として捉えない傾向がありました。男女の知性の性差が散々疑われたことからすれば奇妙な話ですが、首から下の健康についての問題では、男性の身体が長い間、モデルとして使われてきたのです。心臓の薬について治験をするような場合でも男性の被験者だけを募って調べればよいとされてきました。女性の身体には生理など様々な体調の変化があるため、実験結果の解釈が難しくなるという事情もあったようですが、いずれにせよ長い間、女性の身体は充分に考慮されませんでした。そうしたところ、二一世紀も近づいてからようやく、男性と女性では細胞レベルでの違いがあり、男性と同じ量の化学物質に女性の身体が違う反応をする危険性があるということがわかりました。これは悪くすると命の危険に関わる問題です[*32]。

視点の欠落があったということは、逆に言えば、研究の現場に多様な人々を増やすことで、従来にない発想を呼び込み、新たなイノベーションの創出につなげられるということでもあります。たとえば、現状のゲームは男の子の関心を集める商品が多いですが、女の子が興味を持つゲームを、より大規模かつ容易に開発できるようになれば、新たな市場の開拓にもつながるでしょう。

このような考え方には、単に従来の理工系の現場に女性を参入させるだけではなく、理工系にこれまであった文化自体を多様な人々にあうものに変えていこう、との発想があります。自然な興味関心から、女性も理工系の分野に関わっていけるようにすることが目指されており、実際にその一部は成功しつつあります。

そのような潮流の担い手には、アメリカのスタンフォード大学の科学史家ロンダ・シービンガーなどがいますが、彼女たちは、従来の「女性研究者育成支援」が上手くいかなかったことの反省から、「ジェンダー分析的視点を取り入れたイノベーション」（Gendered innovations）という取り組みを続けています。これは、ジェンダーに関する人文社会科学系の知見を、理工系の研究開発現場で活かしていくものです。二〇一〇年代には欧州のイノベーション振興政策においても導入されました。[*33] 研究開発とイノベーションの現場では、ジェンダーという点からも、人文社会系と理工系の接点が生まれているのです。

男性と言語リテラシー問題？

「女性が理工系に向いているのか」論争は決着したとは言えませんが、特に一部の先進国において男女の学力差は縮まりました。しかしその一方で、別の問題が生じています。それは、いわば男性の文系進学、より正確には言語リテラシーの向上問題です。

この章の冒頭で述べたとおり、日本はまだ男女の社会的な格差がある国といえます。なぜなら、男性の方が文系も理系も大学進学率が高く、生涯賃金も三割ほど高いからです。各種の試験結果においても、理数系科目における男女の学力差が比較的大きく、言語系科目においては男性が女性に匹敵する点数を取っています。

しかし、今日、先進国の大半において、大学進学率は女性の方が高い状況にあります。理工系に限れば男子学生が多いのですが、人文系、社会科学系で女子学生の率が圧倒的となっています。

たとえば、二〇一三年のカナダでは大学の教育分野に進む女性は男性の三倍、人文系は一・七倍、社会科学系も一・四倍いました。理系に区分される領域でも、医療・看護だと五倍以上、農学系も一・四倍です。これが理学だと男女比が一〇対八、工学では一〇対二と男女比が逆転するのですが、全体としては女子大学生の数が多いことはわかるでしょう。実際、同国の大学相当女子就学率は四〇%ですが、男子は三割未満に留まっています。多少の差はあれ、米英独仏も類似の傾向を示します。[*34]

カナダのような国では、高校時点では理数系における男女の学力がほぼ拮抗するまでになっています。しかし、言語リテラシーを要する科目で依然として男子の平均点が伸び悩んでいます。このことは人社系における男子学生の数の少なさに影響しているとの指摘があります。*35

男女の平均賃金を比べれば、依然として男性の方が高いのですが、問題は、女性の平均的な学力、生涯賃金が上昇する一方、男性の間で格差が強烈に開いていることです。非常に高収入を獲得する男性がいる一方で（全米上位五〇〇社のCEOの九五％以上が男性で、大富豪もほとんどが男性です）、低学力、低学歴で学校からも、労働市場からも脱落する男性が多く出現しているのです。

学力の差が出る要因ですが、まず、子ども時代は女子の方が成長も早く、（理工系以外では）学業において成功体験と自信を持ちやすいことがあげられます。それから、男子の方が、平均的には言語リテラシーの低い傾向があり、特に学習環境の整わない低所得者層ほどそうなりやすいことがあげられています。

男性的なジェンダーステレオタイプ、つまり文化的に埋め込まれた「男らしさ」についての考え方も、進路選択に影響を与えるといわれます。もともと男子の方が、真面目に勉強するより、早く労働市場に出るのがよいと考える傾向がありますが、低所得者層ほど生活上の必要もあり、そのような行動に出やすくなります。また、彼らの多くは、一家を支える大黒柱でありたいという考え方も強いため、たとえ自分より稼ぐ配偶者を見つけたとしても、家事・育児を引き受けて、持続可能な家庭生活を送ろうとはしない傾向があります。[*36]

二〇世紀半ばであれば、こうした男性たちは農業や工場労働などで雇用を見つけ、それなりに安定した生活を手に入れることができました。しかし、今日ではそれも困難になっています。サービス業が中心の社会となり、しかも一定度のリテラシーを要する情報通信業との関わりが増えているからです。農業も工業も機械による自動化が進み、雇用が減っています。安定した雇用を手に入れるためには、大学卒業者レベルの情報処理能力、もしくは医療・看護あるいはエンジニア系など、何らかの資格や技能を身につけていないと不安な世の中になってしまいました。

そうした男性の貧困が顕著に表れているのは、グローバル化と知識基盤産業の進展が顕著となった一部の欧米諸国です。特にアメリカの、製造業が撤退した元工業都市の惨状は、二〇一五年に『ザ・エコノミスト』誌でも取り上げられ有名になりました。そのような地域では、特に肉体労働の需要が減少し、代わりにコールセンターや接客、介護など、それなりに高度な言語コミュニケーション能力を必要とする仕事が増えているのです（この現象を「労働の女性化」と呼ぶ人もいます)。その結果、低学歴の男性は同じ程度の学歴の女性にも仕事を奪われ、家族形成や社会生活にすら困難をきたすことがあります。[*37]

日本の場合、自動車産業をはじめとする製造業がある程度男性の雇用を支えており、サービス産業が男性の雇用に占める比率も、英米諸国よりは低くなっています。[*38] そのため、他の先進国ほど、男性の問題は切実ではありません。むしろ目下の課題は女性の高等教育水準です。

しかし今後、ICTや人工知能(AI)の導入が進展したら、状況は大きく変化する可能性があります。これらのテクノロジーは労働者に対し、自分から学び続ける姿勢、すなわち生涯学習能力を強く要求する傾向があるからです。その時、女性の数学、科学リテラシーの問題同様に、男性の言語リテラシーについても、乳幼児期から成人期までを視野に入れた対策が求められることになるでしょう。

＊1 SYNODOSの次の記事を参照。 http://synodos.jp/education/633 ; http://synodos.jp/education/15724

＊2 OECD, *Education at a Glance, 2016: OECD Indicators*, OECD Publishing, 2016, Table A3.3 より算出。

＊3 「女子の理系進学を阻むもの」https://togetter.com/li/914695

＊4 文部科学省『学校基本調査』より算出。

＊5 たとえば次など。S. J. セシ、W. M. ウィリアムス『なぜ理系に進む女性は少ないのか？』大隅典子訳、西村書店、二〇一三年。

＊6 L. V. Hedges & A. Nowell, "Sex differences in mental test scores, variability, and numbers of high-scoring individuals", *Science*, 269, 41-45.

＊7 『なぜ理系に進む女性は少ないのか？』一二頁。

＊8 OECD, *The ABC of Gender Equality in Education: Aptitude, Behaviour, Confidence*, OECD, 2015.

＊9 *The ABC of Gender Equality*, 68, 78.

＊10 *The ABC of Gender Equality*, 27-32.

＊11 B. R. Brand, G.E. Glasson, & A. M. Green, "Socio-cultural factors influencing students' learning in science and mathematics: An analysis of the perspectives of African American students", *School Science and Mathematics*, 2006, 106(5), 228–236.

＊12 シンシア・イーグル・ラセット『女性を捏造した男たち──ヴィクトリア時代の性差の科学』上野直子訳、工作舎、一九九四年。

＊13 Sarah-Jane Leslie *et al.*, "Expectations of brilliance underlie gender distributions across academic disciplines", *Science* 347, 6219 (2015); DOI: 10.1126/science.1261375

＊14 『なぜ理系に進む女性は少ないのか？』第三章。

＊15 「筑波フォーラム45」、104－107、一九九六年一一月。https://nc.math.tsukuba.ac.jp/column/emeritus/Kimurata/（閲覧：2021年10月8日）［追記：記事が2021年8月に改稿されたため、それに従い初版刊行時の本文を書き改めま

した」
＊16 筒井晴香「『脳の性差』と『自然』――『男脳』『女脳』って？――」『性 自分の身体ってなんだろう？』藤田尚志・宮野真生子編、ナカニシヤ出版、二〇一六年、第四章。
＊17 『なぜ理系に進む女性は少ないのか？』第一一章、三一八、三五二、三五九頁。
＊18 リーズ・エリオット『女の子脳 男の子脳――神経科学から見る子どもの育て方』竹田円訳、日本放送出版協会、二〇一〇年。
＊19 解雇された社員の意見へのリンクおよびそれへの反論は次のURLから閲覧できる。https://medium.com/@yonatanzunger/so-about-this-googlers-manifesto-1e3773ed1788
＊20 B. A. Barres, "Does gender matter?", Nature 442, 133-136 (2006) doi: 10.1038/442133a.
＊21 『なぜ理系に進む女性は少ないのか？』一〇一－一〇二、二一二－二一三頁。
＊22 K. Crowley, M. Calanan, H. Tenenbaum E. Allen, "Parents Explain More Often to Boys than to Girls during Shared Scientific Thinking", *Psychological Science*, 12, 3, 2001, 258-261.
＊23 森永康子「女性は数学が苦手――ステレオタイプの影響について考える――」*Japanese Psychological Review*, 2017, Vol. 60., No. 1, 50-51.
＊24 青野篤子、森永康子、土肥伊都子『ジェンダーの心理学 「男女の思いこみ」を科学する』ミネルヴァ書房、初版一九九八年、改訂三版二〇〇五年。河野銀子「理工系大学・学部における女学生比率と大学の構造～構造的要因の把握に向けて～」平成二〇～二二年度 日本学術振興会科学研究費補助金 基盤研究（C）報告書、二〇一一年三月。
＊25 Jane G. Stouta, Nilanjana Dasguptaa, Matthew Hunsingera, Melissa A. McManus, "STEMing the Tide: Using Ingroup Experts to Inoculate Women's Self-Concept in Science, Technology, Engineering, and Mathematics (STEM)," *Journal of Personality and Social Psychology*, Volume 100, Issue 2, February 2011, 255-270.
＊26 『なぜ理系に進む女性は少ないのか？』第一五章。
＊27 https://www.npr.org/sections/money/2014/10/21/357629765/when-women-stopped-coding
＊28 Nature 442, 133-136.

＊29 K. バーカー『アット・ザ・ヘルム　自分のラボをもつ日のために』濱口道成監訳、メディカル・サイエンス・インターナショナル、第二版二〇一一年、三三九－三四四頁。

＊30 シェリル・サンドバーグ『LEAN IN（リーン・イン）』日本経済新聞出版社、二〇一三年。

＊31 http://www.mext.go.jp/b_menu/shingi/gijyutu/gijyutu4/037/attach/1368084.htm

＊32 大内尉義「性差医療の考え方と課題——老年医学の立場から——」『学術の動向』二〇〇六年一一月号、四〇－四五頁。

＊33 European Commission, *Gendered Innovations. How Gender Analysis Contribute to Research*, Luxembourg: Publications Office of the European Union, 2013.

＊34 *Education at a Glance*, 70.

＊35 たとえば次の研究など。David Card, A. Abigail Payne, "High School Choices and the Gender Gap in STEM", *NBER Working Paper Series*, URL: http://www.nber.org/papers/w23769.pdf

＊36 *The ABCD of Gender Equality*, ch. 2 および http://wezz-y.com/archives/50076/2

＊37 Manhood, *The Economist*　http://www.economist/node/21649050

＊38 独立行政法人労働政策研究・研修機構『データブック国際労働比較2017年度版』二〇一七年、二二頁。

第5章

研究の「学際化」と文系・理系

文系・理系の区別は消えていくのか？

本書では、「文系」「理系」やあるいは「人文社会系」（ＨＳＳ）、「理工医系」（ＳＴＥＭ）といった分類の概念について、その詳細は敢えて問わずに用いてきました。とりあえず、それらが広く流通している分け方であるから、便宜的に使ってきたのです。

しかし、この分類自体が唯一不変のものかというと、そうともいえません。既に第一章でも見てきたように、「人文社会系」「理工医系」自体が一九世紀末以降の枠組みに依拠した分類です。時代が進むにつれて、新しい分野は自然と増えていきます。すると、分野同士をグループ分けしていた区分を考え直す必要も出てきます。

特に一九七〇年代頃から今世紀初頭にかけては、研究成果の増大が情報爆発ともいえる規模のものでした。分野を超えた取り組みすなわち、いわゆる「学際的」な研究といったものが奨励される雰囲気もありました。その結果、様々な研究分野を「人社」「理工」と区分することも難しくなってきているともいわれます。とりわけ、そのような危機意識は、新しい知識や解釈が生まれる研究の領域で顕著です。もう文系、理系と分けることに意味は無いという主張すら聞こえてきます。

しかしその一方で、この四〇年の間には、「科学批判」から「文系不要論」に至るまで、むしろ文系・理系の区分を意識させるような論争がたびたび起こりました。また、一九九〇年代からは、大学改革が進展し、「実学」と「虚学」などの対立軸が、「文系」「理系」の問題と入り乱れる形で争いが起きています。

「分けることに意味はない」という主張の中には、こうした論争や対立をやめたいという気持ちがあるのかもしれません。ただ、ここで認識しなければならないのは、時系列を確認する限りでは、「学際的」研究や文理融合（あるいは連携）が奨励されるムードと、先に触れたような論争が、実際には同時に起きているという事実です。ケンカが先にあり、両者を一つにしようという話が出たわけではないのです。

一方では境界線の消失を訴える声があり、他方にはそれを呼び起こすかのような争いが起きている。この状況はどのように捉えればよいのでしょうか。本章では、研究と教育の世界で起きている事例を中心に、文系と理系の現在を考察し、今日起きている「争い」と「文理融合／連携」の意味を考えてみたいと思います。

学際化と教育——文系・理系を区別した教育は古い？

ネットを検索すれば、「文系・理系の区別はもう古い」という話をする識者やビジネスパーソンの発言が目に入ります。また、近年であれば、人工知能などを例にあげて、「文系でもテクノロジーがある程度わかった方がいい」、あるいは逆に、「エンジニアでも社会問題や人間のことがわからなければいけない」などの発言がよくみられます。

また、「自分は文系、理系にこだわらない教養教育をする学部で学んでそれがよかった。もっとこういう教育が広まるべきだ」などと感じる人もいるでしょう。その気持ちは、近頃そういう学部が増えているという実感に支えられているかもしれません。

つまり、産業を牽引するテクノロジーが変化しつつあるから文系・理系の区別は無意味になるという意見や、教育制度において文系理系を分けないことが流行になりつつある、という印象がこの種の主張の背景にはあります。

テクノロジーの問題は置いておいて、まずは教育制度上の変化を確認してみましょう。文部科学省は大学の学科を便宜的に「人文科学」「社会科学」「理学」「工学」「農学」「保健」「商船」「家政」「教育」「芸術」「その他」と分類し、学生の動向を調査しています。[*1]

なお、補足しておくと、この調査自体は学生の就職動向などを知りたいわけですから「農学」「保健」「商船」など職業に直結する実学系の学科を別扱いにしています。また、日本の大学に実際に存在する学部を分類するため、従来の文系理系論議から外されがちな家政、芸術系も含めた幅広い対象を想定しています。

図3右は二〇一七年時点の学部生における学科系統別学生数を表したものです。これを一九八七年（図3左）の状況と比べると、「その他」に分類される学生の割合が一%から七%へと、他のカテゴリーにない増え方をしていることに気づきます（単純な学生数の比較だと八倍になっています）。実は少子化にもかかわらず、二〇一七年の大学生在籍数は一九八七年の一・四倍に増えていますので、この増加はかなりのものと考えていいでしょう。なお、比較までに書いておくと、学生数割合の減少が見られるのは社会科学（三九%から三二%）、工学（二〇%から一五%）です（ただし学生数自体は増えています）。他方で、人文科学と理学はあまり動向に変化がありません。保健は

図3　学科別学部学生数割合

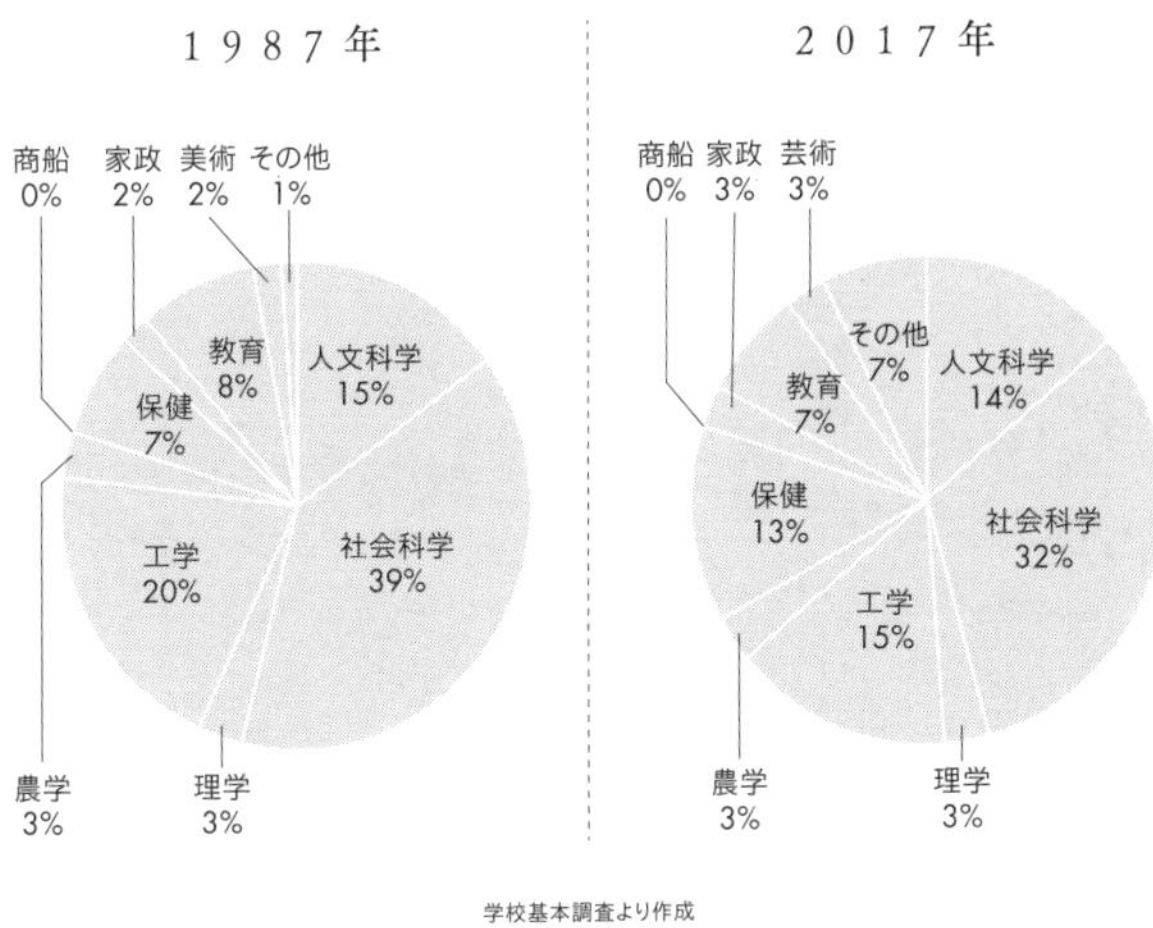

学校基本調査より作成

倍近い伸びを示しているので、医療系の人気も確かに上がっています。

「その他」の内訳は主に教養部、総合科学などの名称がつく学科ですから、先ほど触れた新しいタイプの学部に通う学生の数が増大していることを示しています。また、「メディアコミュニケーション学部」など、近年増えているカタカナを含む名称の学部の多くもここに含まれるはずです。

これらの学部は入試の段階では数学、理科や社会科系科目の種類で実質上文系、理系に分かれていることも多いですが、一定度以上、文系・理系の枠を超えた授業を受講できる学際的な教育を施すのが特徴です。とりわけ一九九一年に文部省が大学の設置基準を緩和して以降は、私立大学を中心に、柔軟なカリキュラムを持った大学が多数誕生しました。

ただ、その一方で、人文・社会・理・工などにカテゴライズできる学部に在籍する学生は依然として過半数を占めています。その意味では、意外と三十年前と構造が変わっていないと考えることもできます。

実は、そう簡単に全体が変わらないのには理由があります。「その他」あるいは学際系の学部というのは、一番古いものだと一九七〇年代から存在しており、確かに高い人気はあります。また、二〇一五年の「文系不要」論争の影響下で、「文理融合・学際系」をうたう新設学部は増えてはいます。ただ、先行してそうした取り組みを行ってきた教育の現場から伝わってくるのは、試行錯誤の戸惑いです。

私自身が以前勤務していた広島大学総合科学部はまさに、学際的な教育を先進的に行ってきた組織でした。二〇一五年頃、そこの関係者と、やはり同様の試みをしてきた京都大学の総合人間学部の関係者との間で、学際的な教育について話し合う機会がありました。共有されたのは、違う分野の教員同士、とりわけ文系・理系の教員同士が協力して、体系だったカリキュラムを組むことの難しさでした。また、卒業生の側には「広く浅く学んだけど、何を学んだのかが実感できない」という気持ちが、専門性を持つ研究者でもある教員の側には「充分に教えた気がしない」という印象が残りやすいという話もありました。存在感は増しているけれど、従来の専門教育に置き換わる潮流とまではなりづらいのが実態かと思います。[*2]

「リベラルアーツ教育」と教養への回帰

このように、「大学教育において文系・理系の区別がなくなっていく」とは言いがたい現状がありますが、その一方で、近年はっきりしてきたのは専門学部における「教養教育重視」の傾向です。日本の場合、一九九〇年代に多くの大学で教養学部が廃止されたという事情があるので「教養の復活」と呼んでもいいのかもしれません。

教養教育というキーワードですぐに参照されるのは、アメリカのリベラルアーツ教育です。アメリカには、昔からリベラルアーツ・カレッジという教養教育に特化した大学があり、これは大学院を持ち専門教育を行う総合大学とは別のタイプの組織です。大抵は私立大学で、少人数指導を売りにしています。学生は主専攻を持ちながら、人文科学、社会科学、自然科学から幅広く履修するのです。[*3]

なお、リベラルアーツ自体は中世以来の「自由学芸」(liberal arts)概念に由来しますが、「(奴隷ではない)自由人として自由に考えるための知」という理念を除けば、中身は別物です。日本だと、国際基督教大学や秋田の国際教養大学などが、英語で授業をするという点まで含めて、ほぼそのカリキュラムを取り入れた例として有名です(ただし後者には理工系はありません)。そこまで直接的でなくとも、一九七〇年代から「文理融合・学際」を掲げている学部は間接的にその影響を受けています。

ただし、今回の「教養の復活」が従来と異なるのは、「色々なことを学べる学部」を作るのとは別に、普通の専門課程がある学部学生や、大学院生、とりわけ理工系の研究者の卵、あるいは専門職業人をめざす大学院生への「教養」が重視されていることです。そのため、「後期教養教育」とも呼ばれます。また、多分野を背景にする人々をチームにしてディスカッションさせるなど、「問いを作ること」や「話しあって思考の相互作用を起こすこと」が求められる雰囲気が強まっています。

有名なのは一流の人文社会系講師陣を揃えたマサチューセッツ工科大学でしょう。日本でも東京工業大学が近年改革をして「リベラルアーツ研究教育院」を立ち上げました。そこでは学部一年生から人文書を読む数を競ったり、大学院生が授業の一環で社会的課題に取り組んだりするなどのカリキュラムが組まれています。

背景にあるのは、一九九〇年代から、環境・エネルギー問題などを通じ、科学・技術と社会の関係を問い直す気運が高まったことです。また、とりわけ情報科学、生命科学など、テクノロジーと市場を介して人間社会に直接の影響を与えかねない研究が増えてもいます。そのため、欧州でも理工医系の学部および大学院において社会問題や思想、芸術などについて考えさせる授業を増やしていく動きがあるのです。日本にもその波が本格的に訪れつつあると捉えてもいいのかもしれません。

研究の世界では何が起きているか――学際化と分類概念の動揺

研究の世界の動きは、もっとはっきりしています。複合的、あるいは総合的といわれる領域で顕著な新規分野の増大が認められるのです。日本の研究者によく知られている最も網羅的な分類をみてみましょう。それは国の機関である日本学術振興会が、学術研究のための助成金申請を募集する際の書類に用いている分野一覧表（以下分科細目表）です。

この表は十年に一回改定がされるのですが、平成二九年度の手引きにおいては、「総合系」「人文社会系」「理工系」「生物系」の四つの系が定められ、そこから更に一四分野、七九分科、三二一細目と分かれています。*4 一見して文系か理系か判断しづらい「総合系」が明記されていることが目を引きます。

「総合系」に含まれているのは、情報、環境、および複合領域（デザイン学、生活科学、科学教育・教育工学、科学社会学・科学技術史、文化財科学・博物館学、地理学、社会・安全システム科学、人間医工学、健康・スポーツ科学）です。過去の分類表改定作業を追いかけていくと、これらの領域は二〇〇〇年以降の改訂作業で加わったものを多く含むことがわかります。*5

複数の分野が関わって行われる研究を「学際的」（interdisciplinary）研究と呼びます（他にトランスディシプリナリ（transdisciplinary）、マルチディシプリナリ（multidisciplinary）などの語があり、少しずつ意味は違いますが、ここでは省きます）。その「関わり」の程度には、単に違う分野が一つの課題のために一緒に協力するという次元から、「〇〇学」のような新しい分野を作ってしまう「分野融合」レベルまで様々です。

このような、専門分化によるタコツボ化に抗するという意味での「学際的」な研究の奨励自体は古い歴史を持ちます。最も古い例は一九三〇年代の米国で、経済学者が多く在籍していた社会科学研究会議（SSRC）が使い始めたようです。

SSRC自体はロックフェラーなど民間財団の資金を受けた非政府組織でしたが、米国の産業から治安、都市問題に至るまで社会が直面していた具体的な課題へのアプローチを振興していました。当初は社会学と行動科学などの分野が、異分野連携の形で専ら関わりました。第二次世界大戦後になると、「学際」的研究の奨励が、国連のユネスコを通じて各国の大学組織に広まりました。とりわけ、学生運動の盛んとなった一九六八年を契機に新しい学部や研究科組織が生まれ、そうした潮流が導入された例は多かったようです。[*6]

理工医系の側では、「学際」の中でも特に「異分野融合」による研究が強く意識されました。[*7] 特にイノベーション政策の転換期である一九七〇年代頃に、従来の専門分化した諸分野とは別に、社会や市場の要請する課題から、文理横断的な研究分野を立ち上げる気運が高まりました。研究の場も大学だけでなく、企業やシンクタンク、NGO、NPOなど多様な組織に広がりました。科学技術政策論においては、前者を「モード1」の知識生産、後者を「モード2」の知識生産と呼ぶことがあります。[*8]「モード2」は基本的に、第三章で触れた「イノベーション政策2・0」の枠組みに適合した知識のあり方と捉えてもいいでしょう。

代表的な例は、先の「総合系」にあった情報学、環境学、脳科学といった諸領域です。これらは、市場や社会の要請に応えた面もあれば、特に環境学のように、既存の権威や市場の要請を問い直すことから生まれた側面もありました。科学哲学者の横山輝雄氏も指摘するように、これらの新しい学問領域の特徴は、ある決まった性質の対象を扱うのではなく、特定の「課題」のために、文系、理系をまたいだ多様な方法を動員するところにあります。[*9]

たとえば環境学においては、環境社会学者と生態学者、地理学者が地域のまちづくりに関わるといったことがあります。また、情報学はメディアやコミュニケーションといった社会的な問題と、情報技術の双方が欠かせません。脳科学では、心理学者、生物学者、工学者がチームになって、人間の高次脳機能にそなわった善悪の判断が研究されたりします。

人文社会系内部でも、先にあげた事情で、アメリカでは二〇世紀中頃から既に分野横断的な研究が盛んだったのですが、とりわけ七〇年代以降は、人文系を中心に、狭い分野の世界観を超えるような包括的な思想、理論において複数の分野が連携することが増えました。フェミニズム、ポスト・モダニズムはそうした思想潮流の事例ですし、カルチュラル・スタディーズや科学技術社会論などはそのような横断分野の範疇に入ります。

このような現状に、研究者の側からは戸惑いも聞かれます。それは、学際的な試みについて最先端の動向を把握し、適切に評価することが難しいということです。そうした研究には複数の専門分野が関わりますので、関連する膨大な情報を集めて、その研究が本当に新しいものか、適切なものかどうかを判断するのは簡単ではありません。また、そうした現状に合わせた教育についても、試行錯誤が続いています。

「学際化」と学問「統一」の欲望

学問が様々な分野に分かれていったのは、純粋に制度的な要因から、人間の認識能力の限界に至るまで、様々な要因があります。たとえば、ある地域の大気汚染問題、経済状態、教育格差の問題などは、それぞれ環境学、経済学、社会学など、別々の分野で扱った方が深く理解できるでしょう。その一方で、調べる対象を要素に分けてしまうと、全体がどうなっているのかは、よくわからなくなります。

分けて考えないと情報量が多すぎるが、分けてしまうと元の姿がわからなくなる。要素への還元と、全体性の理解とは両立が難しいのです。異分野の知見を併せて、初めて全体像がわかり判明するということもあります。特に現実の社会には、あらゆる要素が混在していますので、何か問題が起きたとき、一つの分野の知見では歯が立ちません。

二〇一一年に東日本大震災が起きたときには、津波の被害の範囲、原子力発電所の事故の原因究明、それらの経済的影響から、復興の地域格差の問題など、人文社会系・理工医系を超えたあらゆる範囲の知識が必要になりました。それはいわゆる実学的な分野に留まりません。たとえば、津波で流されてしまった地域の古文書を集めて修復する作業や、地域の災害に関する伝承を集めて防災に活かす試みなどには日本史や民俗学の専門知識が活かされました。

こうした実例を目の当たりにすると「学際化」、とりわけ人文社会系と理工医系をつなげる試みは、現実社会と向き合う上でも不可欠であり、ひたすらよいことばかりのように思えます。ただし、歴史を振り返ってわかるのは、やはり、話がそう単純でもないということです。

実は、学問は本来つながっている、あるいは一つであるという主張は、今世紀より前から様々な表現によりなされてきました。それにもかかわらず専門分化は進んで今に至っているのです。そのことが何を意味するのかも考えなければいけません。

「統一された知、学問」の理念自体は、ガリレオやニュートンにもありました。彼らが自然の探求を行った背景には、数学により神の被造物を説明し尽くせるはずだとの信念があったのです（第一章で述べたように、伝統的なアリストテレス主義では自然界を天文学や自然学などばらばらの科目で捉えており、数学の使用も限定されていました）。また、一九世紀初頭には哲学者のシェリングが熱を込めて、諸学に分かれているかのようにみえる知も究極的には一つであると説いていました。しかし、一九世紀において実際に進展したのは専門分化でした。

一九一〇〜二〇年代の欧州において、既に専門分化の行きすぎは批判されていました。フランスの思想家アンリ・ベールは、哲学、歴史、科学史、科学認識論など広い分野の知識人を集めたサロン的活動を開催し、知の総合の必要性を説いていました。筆者の専門分野である科学史の創設者、ジョージ・サートンもその活動に恩恵を受けた人物の一人です。*10

また、同時期のドイツ語圏における哲学者と一部の社会科学者の間では、物理学や生物学分野の発展を受けて、人間社会の現象を自然科学的な原則に還元して理解しようとする「自然主義」の気運が本格的に高まっていました。

特に、一九二九年にルドルフ・カルナップなどを中心としてウィーンで結成された、論理実証主義の学派は「統一科学」の理念を掲げ、影響力を持ちました。彼らは、科学は一つであり、社会学は心理学へ、心理学は生物学へ、生物学は化学へ、化学は物理学へと還元できるという見通し（還元主義）を持っていたのでした。物理学を基盤に考えるこのような立場を「物理主義」とも呼びます。[*11]

ダーウィンの進化論も、社会科学の諸分野に思想的な影響を与えました。たとえば、進化論の自然選択プロセスを、経済成長のモデルや市場の選択メカニズムに重ねて考えた経済学者のヨーゼフ・シュンペーターやフリードリヒ・ハイエクのような人々がいます。ただし、この時期の学際的な試み、とりわけ生物学的な自然主義が関わるものには、暗い歴史もつきまとっています。時としてそれが、学問の枠を超えて、自然科学的知見を、ある種の「権威」として用いる政治的なプロパガンダにつながっていったからです。

例をあげると、ナチス・ドイツは人種衛生学という複合的な分野を拠り所に、ユダヤ人を差別する政策を展開しました。人種衛生学は進化論と医学と人類学における当時の知見に、ナチスの政治改革志向が混ざったところに成立したものでした。

科学技術社会論研究者のスティーヴ・フラーやダニエル・サレヴィッツは、学際化の試みが、実用を越えた「学問統一」への欲望と隣り合わせになりやすいことを指摘します。そして、しばしばそのような願望は実現しえないどころか、それが何らかの「全体性」を希求する場合ほど、政治的な論争を引き起こしやすいことを示唆しています。[*12]

諸分野はどのように異なっているか――方法と分類

実際の所、人文社会系と理工医系はどの程度違うのでしょうか。改めてその点を確認してみたいと思います。

一九五九年に書かれたスノウの『二つの文化と科学革命』では「科学的文化」と「人文的文化」の隔絶、および両者のいがみ合いが述べられていました。スノウが語っていたのは、実質的には理学（とりわけ物理学）と文学（特に英文学）の関係者を観察しての経験談です。そこでは、特に正反対の特徴が取り上げられ、どれだけ両者が隔たっているかが強調されていました。

スノウのような二分法の議論に絶大な影響を与えてきたのは、ヴィンデルバントおよびリッケルトの分類（第一章）です。彼らは個別的な事象を扱うための個性記述的（idiographic）な「精神の学」と、普遍一般的な知識を目指す法則定立的（nomothetic）な「自然の学」という二つのカテゴリーを想定しました。そして、多くの人々が前者に人文社会系諸学を、後者に理工系をあてはめたのです（ヴィンデルバントらは特にそう決めつけてはいなかったのですが）。

ところで、諸分野の対象や方法という観点から見ると、「人文社会」系諸分野と「理工医」系諸分野の間にはさほどはっきりと線を引くことはできないとの指摘もあります。以下ではその点について、繁雑になりすぎない範囲で確認してみたいと思います。

❶自然科学——一元的か多元的か

まず、自然科学が常に「法則定立的」、すなわち普遍的な法則を見いだすための学問かどうかを考えてみましょう。一見したところ、ニュートンの万有引力の法則、熱力学の基本法則などが思い浮かび、至極当然だと感じるかもしれません。

実験・観察を重ねて法則についての仮説を作り、その予測を更なる実験・観察によって検証し、証明する。個々の試行は、実験器具の状態や、その日の気温などの条件に左右されるけれど、回を重ねることで、偶発的な要素を取り除き、現象の中の普遍的な要素が取り出されていく。このような仮説検証による法則の発見は、一般的に、自然科学の営みの中核とみなされています。

しかし、全ての自然科学の諸分野がこの図式に当てはまるわけではありません。典型的なのは、生物学におけるダーウィンの進化論です。自然選択というプロセスで人間をはじめとする動植物が今の姿に進化したことは、同じような方法で検証して証明できた「法則」とまではいえません。地球をもう一つ創って、数十億年のプロセスを経て同じ現象を再現してみることは事実上不可能です。

しかし、だからといって「進化論が自然科学でない」という話にはなりません。動物や植物、あるいは微生物など、他の生物を用いた事例で、短期間の出来事としては、進化のようなプロセスが高い精度で再現できているからです。また、たとえ直接に地球上の生物の進化プロセスを再現できなくとも、進化論を想定した方が説明しやすいことは沢山あります。

他の分野であっても、一般的にいって対象が複雑になればなるほど、普遍性の追求よりは、局所的な現象の記述が意味を持つようになりますし、研究から導かれる推論も確率的になってきます。地球科学や気象学はその好例でしょう。局所的な現象A（たとえば地中から出てきた数万年前の氷に含まれる二酸化炭素の量）から、局所的な現象B（数万年前の地球の平均気温）を確率的な精度で導き出す、といった具合の探求が増えていくのです。

このように、詳しく見ていくと自然科学も一枚岩ではありません。普遍的法則を見つけるだけではなく、統計的に高い蓋然性（確からしさ）を持ち、説明力のある理論やモデルを見つける営みも重要であるからです。その意味で、「法則定立的」とまでは言い切れない要素があります。

この方向で考えを進めていくと、悩ましい問いが頭をもたげてもきます。それは、ひょっとしたら私たちが「自然科学」と捉えているものすら、実は全く統一性のない、バラバラのものではないか、単に歴史的な偶然により一つのカテゴリーにまとめられているだけではないか、という疑いです。これを「自然科学の多元論」と呼びましょう。

実は一九世紀の間にも同じ疑いはありました。電気研究と磁気研究、物理と化学などが果たして一つの「自然科学」といえるのか定かでない時代があったからです。しかし二〇世紀初頭にはひとまず、あらゆる自然現象が究極的には物理学に還元可能だとの見方が優勢になりました。

しかし、二〇世紀末から生物学、およびそれを基盤にした総合的な学としての生命科学が大いに発展したことで、自然科学の多元論が再び活気づきました。進化論の問題からゲノム研究に至るまで、生命科学は物理学に還元できる諸学とは異なる、との見解が出てきたからです。文系・理系以前の問題として、自然科学は一つか、複数であるのかを問うこともできるのです。

同時に面白いのは、仮に「自然科学は多元的」であるとしたら、人文社会科学との差は一層縮まるのではないかとの主張も成り立つことです。すなわち、逆説的にも、「自然科学の多元論」は、「文系・理系をふくめ、バラバラの諸学がゆるくつながって一つである」とする「科学の（ゆるい）一元論」と相性がよいのです。この問題は今でもはっきりとは答えが出ていません。

❷人文科学と社会科学——個性記述的／形式化・定量化

人文社会科学は、ばらつきがもっと顕著です。全てが個別的な事象を扱う分野、すなわち「個性記述的」ではないのは一目瞭然です。それどころか、一回きりの現象を扱う歴史学や、個々人の解釈を重視する文学や哲学のような分野の方が稀な例といえるくらいです（しかも哲学の一部は近年自然科学や数学、論理学に接近しています）。

これら「個性記述的」な分野は、人間の日常的な経験の多様性を記述することや、ある視点から対象を解釈することを重視してきました。もちろん、歴史研究の場合でも、物的な証拠を検証することはありますし、統計的手法も時には使います。しかし、そこから法則を導くのではなく、一回だけの出来事や人間性について何かを解釈し、語ることが目的となります。

第一章でも触れたように、人文科学と社会科学の境目は曖昧です。言語による違いもあります。日本の場合、文学、歴史、哲学などは基本的に人文科学（あるいは人文学）とみなされますが、歴史学を社会科学とみなすこともあります。また、地理学や心理学、人類学など、人文科学、社会科学にまたがるばかりでなく、自然科学の領域にまで関連分野が存在する例もあります。

間違いなく社会科学とみなされるのは、既に見てきたように、経済学、社会学、政治学、法学などでしょう（後述するとおり、法学は少し独特ですが）。

社会科学においては、大半の分野が、文学や歴史のような「人文」科学と、普遍性を追求する自然科学的な諸学との中間に位置しています。特に、経済学の大半の領域、計量的手法を使う社会学、政治学の一部などは、形式化と定量化、すなわち、現実の生活からの抽象により一般理論やモデルを考えて、次に標準化されたデータを使って理論をテストするという方法を取ります。人間社会の現象を数学的・形式的構造により表現しようとするこのような努力は、経済学、社会学においてはむしろ古典的であり、一九世紀から継続して続けられてきました。

その一方で、社会科学には個性記述的、すなわち人文系と同様に歴史検証や、事例の解釈を重視する方法も根を下ろしています。定量的な調査を行うに当たっても、社会的な対象を構成する枠組みや単位については、人々の価値観や意識が作り上げる部分も大きいからです。「市場」とは何か、「社会」とは何か、「政治」とは何か、など時々立ち止まって、哲学的に解釈する作業が欠かせません。

とりわけ一九七〇年代以降は、それまで主流であった「実証主義」的な方法論への批判から、「解釈主義」など、個性記述的な方法論を支持する学派が、人類学、社会学、政治学などで活気づき、一大勢力を作りました(「言語論的転回」とも呼ばれる)。そのような経緯ゆえ、社会科学内部の多様性は増しています。

実証主義（positivism）においては、自然科学とほぼ同じように、社会現象は研究者の意図にかかわらず事実として実在すると捉えられます。そして研究者は、研究対象を客観的な立場から、価値中立的に捉えられるという仮定のもとで調査を行います（たとえば、セクシュアルハラスメントの体験について女性にインタビューする場合でも、調査者は、性別・年齢にかかわらず、適切な訓練さえ受ければ必要なデータが取れるとの仮定に立ちます）。

対して、解釈主義（interpretivism）では、ほぼその逆の考え方を取ります。すなわち、世の中の社会現象は、我々の知識や解釈と独立には存在しておらず、認識し解釈することが事実を作り上げていくとみなすのです。そのため、自然科学的な中立性で人間社会を捉えることはできないとの理解がなされます（セクハラの体験について女性にインタビューするたとえだと、調査者の性別・年齢が回答に影響を及ぼすことを避けられないとの仮定に立つのです）。そして、数量的データには出てこない人々の解釈や信念について、インタビューや言説分析などを通じて理解を深める手法が重視されます。

このように、社会科学においては、「理系」的な形式化・定量化と、「文系」的な個性記述的（あるいは定性的）方法論とが長きにわたり共存する状況があるのです。[*13]

更には、それに加えて、一九七〇年代には、生物学の一部として人間社会を扱えるのではないか、という社会科学の「生物学化」としての自然主義の訴えもありました。これについては、節を改めて解説したいと思います。

先に、近年は生命科学の独特さが着目され、自然科学においても多元論的な見方が出てきていると書きました。人文社会科学はもとから多元性を持つわけですが、このことをどう捉えるかによって、「人文」と「社会」をより一層わけて考える立場もあれば、むしろそれだからこそ「多様なもののゆるい統一」を重視する考え方も存在しています。

❸その他の分類基準
——形式・経験／実学・非実学／歴史の古い分野

自然科学と人文社会科学、それぞれの典型例について、「個性記述的」「法則定立的」の分類、および、その中間的状況としての「形式化・定量化」という概念を軸に確認してきました。しかし、この枠組みでも特徴を捉えきれない諸分野があります。

まず、理工医系には観測や実験を必要としない数学や論理学のような分野があります。これらの領域は、人間の精神が直観的に捉えることのできる抽象的な構造を扱います（数学の対象がこの世に実在するのか否か、という哲学的な論争もありますが、ここでは立ち入りません）。そのため、数学や論理学などを「形式科学」（formal science）、それ以外の諸分野を「経験科学」（empirical science）と呼ぶこともあります。なお、この分け方だと自然科学だけではなく、人文社会科学の大半が「経験科学」の範疇に入ります。対象は人間社会ですが、経験的な内容を扱う分野は多いからです。

次に、当該分野の社会（あるいは市場）との関わりという基準から語られる「実学」「虚学」の区分にも触れておきましょう（「虚学」という表現にはネガティブな含意がありますので、実際には、「実学」を主張する分野とそうでない「非実学」の分野があると述べる方が適切ではありません）。

既に第三章で、理工系がいっしょくたに「儲かる分野」、すなわち一種の「実学」と見なされる状況が出現していると述べました。しかし、細かく見ると、各分野にその点を巡り、亀裂が走っているのが見いだされます。理学に対して工学や農学の関係者が「実学」を意識している、または経済学に対して経営学を専攻する人々が「実学」を主張することなどがあるからです。それぞれ、実際にモノを作る、実社会から仕事を請け負う機会が多いといった点に己の分野の強みを見いだしているわけです。

その他、医学、教育学、法学などは、研究だけではなく、医療従事者、教師、司法関係者など、特定の専門職業人養成を行うので、やはり実学としての扱いを受けています。そして、これらの諸分野は、社会の多様な対象を扱いますので、実態としては学際的なアプローチを取る傾向が強いようです。

分野自体の歴史が古いがゆえに多くの諸分野に影響を与えており、特徴の記述が困難な分野もあります。哲学がその例です。

哲学の歴史は古代ギリシアまで遡ります。またそれは、人間の知性にとって本質的なものである認識と解釈を、体系的に言語化する営みとも言えます。そのため、経済学や物理学のような分野と同様の意味で、一つの分野として捉えるのが適切とはいえません。シェリングなど伝統的な立場にあったように、むしろ大半の分野を哲学の派生形と捉え、それゆえに哲学は、まさに諸学を統一する存在であるとする見方も依然として説得力があります。

社会科学の自然主義化——試みと論争

簡単に、諸分野が使う方法論を確認するだけでも、文系・理系の二元論、諸学をつなったものとみなす一元論、あるいはバラバラの異なる学があるだけとみなす多元論まで、様々な学術の捉え方がありえます。そして、同じ一元論でも、何らかの課題解決的な研究プロジェクトのためにつながればよしとする「ゆるい」一元論か、それとも方法論レベルでの統一を求める「強い」一元論かで、また事情が違ってきます。

「強い」一元論を求める立場の人々は、多くの場合、人文社会科学における「個性記述的」な方法論の使用ができる限り減らされるべきだと見なす傾向があります。それにより、彼ら彼女らは、人文社会科学を「科学化」することになると信じています。すなわち、人文社会科学は数理科学モデルの形式化・定量化に飲み込まれるか、あるいは生物学の一分野として自然主義化されるか、という見通しが描かれるのです。両者は別々の動きであり、いずれの見解を巡っても定期的に論争が起きています。

前者については既に少し説明しましたので、後者に関する有名な事例を取り上げたいと思います。それは、エドワード・O・ウィルソンの『社会生物学　新しい総合』（一九七五）で提示された一連の見解と、そのあとに続いた論争です。

社会生物学は、ダーウィンの進化論を用いて、生物の集団的行動を説明しようとする試みです。たとえば、働き蜂が女王蜂の子どもを育てる場合のように、動物の一見利他的に見える行動が、どれだけ自分と近い遺伝子を効率よく残す行動に由来しているかといった点を説明してきました。

ただ、それは同時に、ヒトの性差や性別分業、婚姻、攻撃性や社会階級など、様々な人間社会の現象をも考察の対象としました。しかもウィルソンは「人文科学や社会科学も単に生物学の特殊な研究領域にすぎなくなる」[*14]との見通しを示したのです。そのため、政治的な対立を交えた激しい論争が巻き起こりました。

この対立はとても複雑で、本書では詳細を扱いきれるものではありません。ですが、自然科学の方法論で人文社会科学の領域を扱うときに起こりやすい対立の構図が典型的に現れているので、以下ではその点を少し細かく見てみたいと思います。

当時の社会科学研究（特に社会学や人類学など）においては、ナチス・ドイツの教訓もあり、生物学的な議論を人間社会の現象と混ぜることに非常に慎重になっていました。人種衛生学が政治運動と結びついた過去の記憶が生々しかったからです。

そのため、社会生物学を批判する人々は、ヒトの行動を生物学的に説明することが、いかなる社会的影響を与えうるかについて、研究者は気をつけるべきだとの指摘を行いました。また、ウィルソンらの主張は無自覚に、経済的不平等を肯定し、男女の生得的な違いを誇張して捉える政治的イデオロギーを反映しているとの批判もなされました。このように考えた人々は社会科学の研究者だけに留まらず、スティーヴン・J・グールドや、リチヤード・ルウォンティンといった生物学者もいます。

当時の社会生物学の創始者たちは、真っ向からこの批判に反論しました。彼らにとっては、批判者たちの方こそ、人間が平等で環境が全てを決定するという左派の政治イデオロギーを科学に押しつけて、研究の自由を損なおうとしていると映ったのです。また、社会的影響への配慮の必要性という指摘についてはは重要性をあまり認識せず、女性の役割や同性愛者、経済的不平等といったセンシティブな問題に対し、仮説にもとづいた記述をすることをためらいませんでした（たとえばウィルソンの著書には、同性愛を遺伝の問題と仮定し、子どもを残さないのに同性愛が淘汰されないのはなぜかを論じている箇所がありましたが、現時点で同性愛に決定的な遺伝子は見つかっていません）[*15]。

現在では論争は一段落しましたが、完全に終結したというよりは、支持者と批判者が論争に飽きて棲み分けたという趣もあります。また、時代が変わり、自然科学研究全般において、社会への影響や倫理的な側面を考慮する風潮が高まったことも両者の緊張感を下げたようです。

社会生物学の問題関心は行動生態学などの分野に引き継がれ、今日も研究が進展しています[*16]。他方では、従来的な社会科学の諸分野も、特に生物学の影響を受けることはなく、従来通り探求され続けています。結局の所、学問の統合よりは、人間社会について考える新しい分野が増える結果に終わったのでした。

興味深いのは、従来的な数学を用いる形式化・定量化の方法論と比べて、社会生物学の方が人文社会科学とは相性が悪かったという事実です。科学哲学者のダニエル・アンドレールはその要因として、社会生物学の中に、人文社会科学の諸分野にとって基盤となる「社会的なるもの」や「人間性」のような概念を書き換えかねない要素があったこと、そして人間社会に関する進化論的説明が、人文社会科学的な課題への回答を与えるものではなく、魅力的でなかったことなどを指摘しています。[*17]

たとえば「人間集団の攻撃性についての進化論的説明」のような問題は基本的に、数万年のスケールで考える問題です。しかし、具体的な政策に関わる定量的分析や、特定の社会・経済的問題の定性的分析などは大抵の場合、数十年くらいの時間を対象にすれば充分です。両者は、扱う時間のスケールも、要求される回答の性質もかなり異なっていたのです。

学際的分野と不確実性、政治性

社会生物学を巡る激しい論争は、広く社会に関わる問題を扱う学際的な分野のもう一つの特徴を物語ってもいます。そうした分野は、学術コミュニティを超えた政治的な論争にも巻き込まれやすいのです。

自然科学関係の話が続いたので、人文社会系に関わりの深い事例をあげましょう。たとえば、フェミニズム、カルチュラルスタディーズ、ポスト・モダニズム、科学技術社会論など、いずれも二〇世紀後半に論争の対象となりました。形としては「科学」であろうとしたマルクス主義などもその例に入れてもいいかもしれません。

「総合系」の環境科学は、現在進行形の国際政治と関わるだけあって、更にダイナミックです。政治、産業界、メディアを巻き込んだ議論の戦場となってきました。特にアメリカでは地球温暖化が起きるかを巡り、科学者と政治家が双方の陣営に分かれて争ってきたことがよく知られます。

共和党は温暖化問題に懐疑的で、民主党は積極的な関心を向けてきました。二〇〇九年には、イースト・アングリア大学のメールサーバから気象学研究者のメールが流出し、その会話の内容から、地球温暖化の根拠とされたグラフに改ざんがあったのではないかとの疑惑を抱いた論者がメディアを騒がせたこともありました（気候研究ユニット・メール流出事件あるいはクライメートゲート事件）。

学際的な研究が学問の世界に閉じず、このような政治論争に至ってしまう背景には、主に次の二つの要因があります。第一に、まさにその分野が、社会の中にある複雑な課題を扱うことができているために、学術コミュニティを超えて人々の関心を惹きつけて、論争が誘発されやすくなります。

第二に、多くの人に関わるのに、そうした複雑な問題を扱う研究は、まさに複雑であるがゆえに、はっきりと物事に白黒を付ける答えは出せません。ゆえに、対立が継続してしまいます。これは、人文社会科学だけではなく、自然科学的な方法論が使われている場合でもさほど変わりません。

自然科学と社会の双方が関わる複雑な問題は、それが切迫した主題であるほど、自然科学をもってしても、明確な答えがすぐに出せない場合が多いのです。たとえば、公害による健康リスクのように、時間をかけて（あるいは人体実験により）検証すれば答えが出るかもしれないが、社会的にそれは困難であるというような場合があります。もしくは倫理的な問題のように、もともと科学では答えが求められない性質の問いを含んでいる場合もあります。クローン人間を造ってよいか、といった問題がその例です。

特に現実の社会問題が関わる場合、時間の問題は重要な要素です。たとえば地球温暖化の場合は、「予測の正しさが証明されたときには相当な犠牲者が出てしまう」というジレンマが存在します。そのため、研究が導く解答が確実だとは言い切れない状況でも、「どうするべきか」という意思決定に貢献することが期待されます。科学的に確定が困難な要素を含む問題だが、「今現在」社会的合意が必要となってしまうのです。[*18]

地球温暖化問題においては、問題が起きる前に手を打つ「予防原則」の立場から、気候変動条約やCO2削減といった様々な政策的措置が動き出しました。結果として、反対する人は「科学的な結論が不確定なうちに政治が動き出した」との印象を抱き、研究の不備や政治的偏向を主張したりして論争が続くことになったのです。

このような状況を否定的に捉えて、政治論争が起きるような学問はまともでない、政治的中立性がないとの結論に飛んでいく人もいます。あるいはその逆で、科学的な検証を行って出した答えに反対する人がいるなんて信じられない、理性的ではないと叩く人もいます。

私自身は、第一章で触れたカントのように、論争の存在自体を肯定的に捉える立場です。

それも、彼よりは一歩踏み込んで、ある学問が人間社会に関わる切実な対象を扱うほどに、その学術的な論争と、政治的論争との間の境目が不明確になっていくのはやむを得ないし、だからこそ論争が必要だと思っています。それは、人間の認識能力の不完全さと、対象の複雑さとが合わさったとき、何らかの政治性が生まれてしまうことは避けがたいと考えているからでもあります（なお私は、「政治的（political）であること」と「党派的（partisan）であること」を区別しています。前者は「市民生活においてどの価値を優先するか」ということ、後者は「誰の味方か」という人間関係的な側面のことです）。

環境科学の例が示すように、どんな学問分野をもってしても、完全に世界を認識し、記述できるシステムはありません。もしそんなシステムがあるとしたら、それはこの世界そのものに他ならないでしょう。それ以外のものは、どれだけ確かな方法を駆使したとしても、不完全なものでしかあり得ません。何らかの形で、必ず情報が欠落しているのです。どの情報を減らすかは各分野の選択であり、それは一種の価値観の反映でもあります。

そのため、複雑な系、たとえば経済活動のような人間社会の営みや、自然界であっても気象現象のような複雑な対象の予測はしばしば当たりません。すると、研究結果の導く結論をめぐり、対立する意見が不可避に生じることになります。特にそれが、経済政策や環境政策のように、何らかの具体的なアクションを想定している場合は尚更です。複雑な系を扱うがゆえの不確実性も政治を呼ぶのです。

そのことに加えて、そもそも、ある社会的課題を扱う／扱わない、という選択自体が、既に一定の政治性を帯びています。研究に関与する研究者がどれだけ誠実に、理性的に、学問の基準に則して行動しようとも、あるテーマを選ぶというその行為自体は、社会における何らかの立場表明としての意味を持つのです。このことに、人文社会系、理工医系の差はほとんどありません。

たとえば、「適切な多数決投票の方法を数学的に検証する」のようなテーマを研究したい経済学者がいるとしましょう。一見、特別な政治性は感じないかもしれませんが、独裁政権の支配する国であれば、「国民による多数決を行う政体を想定している」ために警戒されるかもしれません。

それは独裁政権がおかしいだけではないかという話ではなく、ここで言いたいのは、少なくともそのようなテーマが彼らにとっては全く「中立」に映らないだろうということです。もし私たちにとってその主題が「中立的」に見えるとしたら、それは私たちが「民主主義は当然のこと」という価値観が普及した地域にいて、他の価値観をさほど想定せずに済んでいるからです。

理系が関わる例でも事情は変わりません。一九七〇年代～八〇年代の日本では、環境問題を研究テーマに選ぶ理系学生は民間企業での就職が大変になるといわれていました。[*19] マジョリティが環境問題に関心がなかった時代、敢えて環境に関心を持つことは「偏ったこと」とみなされかねなかったのです。現代ならこの感覚はむしろ逆でしょう。「地球環境を気にかけること」も「民主主義を自明視すること」も、それぞれ一つの価値観であり、政治的信念の一種です。ただ、その価値観がマジョリティにとって一般的になっている時代、地域ではそのことが目立たないだけです。

もちろん、「テーマの選択が政治性を持つ」ことは仕方ないにしても、それは研究の過程に政治性が入り込むこととは違うのではないか、という指摘は可能です。

たとえば、公害問題や、歴史上の虐殺事件といった問題に対し、ある組織や人物にとって不利になる証拠を隠蔽した上で論文を書いたとしたら、それは「政治的」かつ「党派的」なデータの隠蔽ですし、研究不正に等しい行いです。

論争になりやすいのは逆のケース、すなわち証拠として用いる材料を広げる場合です。たとえば、教育を受けた役所の人間が残した文書記録や、定量的に計測可能な証拠といった従来も用いられていた判断材料だけではなく、知的障害をもつ人の数十年前の記憶や、コンピュータによるシミュレーションなど、確実さにおいて劣る要素を持ち込む場合、前者は「実証的」だが後者は違うとして、拒否されることがあります。そして、そのような不確かなものを研究の材料に使うのは、政治的な意図があるからだと糾弾されたりするのです。

事例ごとに事情は違うので、一般化は困難なのですが、科学史を踏まえて私が思うのは、どちらかといえば、検証する対象を増やす方が、検証の厳密さを求めてそれを避けるよりは実りが多いのではないかということです。

先の例でいえば、二〇一八年現在、日本では過去の優生政策により障害者に対する強制的断種手術が行われたことが問題視されていますが、これも最初は当事者の証言を真剣に聞き、証拠となる歴史資料を探した人々の努力がありました。また、地球温暖化問題が前世紀半ば、最初に話題になったときには、それがシミュレーションに基づく推論であることが問題視されましたが、現在はそうした手法が科学的推論の一つとして認知されています。

以上のことを踏まえるならば、むしろ、「複雑な対象を前にして、価値中立を掲げることが持ちうる政治性」こそが念頭に置かれなければなりません。すなわち、マジョリティの価値観に浸っているために自らの政治性が自覚できていない状態のことを、「中立」という名で呼び変えていないかどうかを、改めて問い直す必要があるでしょう。

それに加えて、人間の理性の限界という問題もあります。実際、本人は真剣に研究をしている場合でも、無意識のバイアスで、ある証拠を完全に見逃し、自分の論点を支持する証拠ばかり集めるということがありうるからです。一九世紀において、女性の知性が男性に劣るとの見解を出したいくつかの研究には、明らかにこのような傾向がみられました。[*20]

同時に言えるのは、「学問は現実の対象に近づくほど不可避の政治性を帯びる」ということを踏まえて、それでも学問的方法論に根ざして言葉を紡ぐことの大切さです。物理学のような法則定立的な方法にしろ、歴史学のような個性記述的な方法にしろ、定量的な社会学のようにその中間的なものにしろ、それは世界を認識する異なったやり方として、数世代にわたり様々なテストを生き残り、受け継がれてきた人類の遺産なのです。

私たちはバイアスのかかったやり方でしか世の中を見ることはできませんが、諸分野の方法というのは、地域や文化を超えて人々が選び取ってきた、いわば、体系性のあるバイアスです。体系的なやり方で、違う風景を見て、それを継ぎ合わせる。または違う主張を行いながらも、それを多声音楽のように不協和音も込みで重ねあわせていく。そのことにこそ、様々な分野が存在する本当の意義があるのではないでしょうか。

複数の文化アプローチ——集合知としての学問

人文社会系、理工医系という区分は、これまでに確認してきたとおり、制度的・歴史的な偶然に多くを負っています。諸学は必ずしも二分されるわけではありません。文理を横断する学際的な分野も、新しい分野も日々増え続けています。しかしだからといって、あらゆる場面で諸分野の融合が進むわけでもありません。分野横断的な視点や技能を持つ人が重宝される傾向は確かにありますが、伝統的な専門特化型の人が即座に無用になるわけでもなさそうです。

実際にうまくいっている学際型の研究分野においてよく見られるのは、全く違う性質の専門分野を持つ人々が集まり、それぞれの強みを活かしながら研究をするという状況です。違う個性があるからこそ、集まって役割分担をして、力を発揮するのです。

近年の科学技術イノベーション政策においては、そのような状態を導く具体的な方策に関心が集まっています。欧州における成長戦略ホライズン2020など、人文・社会系を視野に入れたイノベーション政策3・0の潮流が形を取り始めた二〇一〇年代半ば頃から、その傾向は顕著になりました。[*21]
日本においても、人文社会系内部の多様性や、理工医系内部の多様性について、その方法論や学際研究における傾向を分析したり、世界観から研究発表の「常識」など、文化的な側面までを検証したりして、具体的なマッチングが追求されています。
例をあげると、科学技術振興機構の研究開発戦略センター（ＣＲＤＳ）では自然科学と人文・社会科学との連携に関する連続ワークショップを開催し、連携にとっての障害が何であるのかを分析し続けています。
これまでの経験の積み重ねから、すぐに既存の専門諸分野の壁をなくしたり、複数の分野を融合させたりできるものではないこともわかってきました。
二〇一六年の報告書では、理工系の側である程度進めてしまった研究から課題を一方的に人文社会系に投げるのではなく、そもそもの研究プログラムの始まりから複数の分野で一緒に考えることが必要である、社会全体で意識化されていない課題は人文・社会系こそが見つけられるのではないか、などの意見が文系・理系双方の有識者から出ています。[*22]
京都大学の学際融合教育研究推進センターは「学術分野の文化比較」調査や関連イベントを継続的に行い続けています。二〇一八年二月二二日には、科学研究費の二〇一七年度版分科細目表にある、人文社会・理工医の七九分野のうち七五分野から九三名の参加者を集めた歴史的なシンポジウムを開催しました。

同センターの調査自体はまだ完全に終わっていないのですが、先行して京都大学教員を対象に行われた小規模な調査では、たとえば、人文・社会科学系は他分野との共同研究会が多い、工学はそれよりも企業および行政との共同研究会が多い、医学・薬学と自然科学はその中間、などの特徴が浮かび上がってきました。また、研究について「結果よりもどちらかというとプロセスや方法が評価の対象となるか」という問いには、工学、人文社会・科学の順番にイエスと答えた値が高く、自然科学と医学・薬学などとは顕著な差がありました。[*23]

現在進行中の調査でも、その他、「仲の良い分野、悪い分野」のような質問から、「役に立つ研究についてどう思うか」「世界を完全に実在していると思うか」などの興味深い調査項目が並んでいます。そして、似た回答をした分野や、研究対象のキーワードが重なる分野のクラスタを見つけ出そうとしています。[*24]

変容する科学とその行方

学術が、科学がどうなるのか。未来のことは誰にもわかりません。ただ、現代は、めざましい情報技術の進展も手伝って、この先どうなるのだろうかという、期待と不安に包まれた時代だと思います。

歴史を振り返る限り、「文系・理系」を含め、学問の分類を大きく変えてきたのは、人間が扱える情報の増大と、学問に参入できる人の増加です。たとえば、活版印刷が生まれて本が普及したことは、近代的な諸学問が発展したことと無関係ではないでしょう。その意味で、近年の情報技術の発展が私たちに何をもたらすのか、未知数の側面はあります。

ただ、文理の区分を含め、私自身はすぐに大きな変化があるとは思っていません。情報技術は、あらゆる分野で処理可能なデータの量を飛躍的に増やしましたが、現状では、研究の手段を豊かにしたという段階に留まっている気がします。

むしろ、明白な変化が起きているのは、人と人のマッチングや交流のあり方です。前節でも触れたように、尖った専門性のある人とその間をつなぐ人とで補い合い、集合知を発揮する、という方向の取り組みが今後増えていきそうです。

学問への参入者の増大という点については、情報技術の問題とは独立に、前から新しい動きがあります。研究をしたことがない一般の人が、参加し、貢献することができるような研究活動が、様々な分野で出現しているのです。社会科学や一部の環境科学的プロジェクトにおいては、「参加型研究」「アクションリサーチ」などといわれます。理工医系では「シチズン・サイエンス」という言葉がよく使われています。

背景には、集合知としての研究を追求する視点、すなわち、学問の諸分野に加えて、一般市民も含めた、多様な立場の人が持つ知見をうまく集めて問題解決につなげよう、との発想があります。

典型的な参加型研究の取り組みは、ある地域の課題解決を目指すタイプのものです。それも、研究者が一方的に専門家として住民を受け身の「調査対象」とするのではなく、コミュニティの人々と共に改善の可能な問題について話し合い、可能な作業を分担するといった形を取ります。

研究者一人では不可能なことを、たくさんの地域住民と共に行うのです。その内容は、必然的に分野横断的になります。災害弱者となりやすい高齢者の生活再建や、貧困を抱えたコミュニティのエンパワーメントといった社会的なものもあれば、ある広い地域を手分けしての水質調査など、環境科学が関わる場合もあります。[*25]

自然科学諸分野に特化した試みもあります。もともと、自然科学においては、アマチュアによる彗星発見や、鳥類の観察など、インディペンデント・スカラーといえるレベルの人々の研究が盛んでした。それに加えて近年は、Ｗｅｂをはじめとする情報技術の進展により、特殊な専門知識を持たずとも計測し、データを共有できるようになりました。より広い範囲の人々が本格的な科学研究に関われるようになったのです。現在も世界中で、集合知により数学の問題を解く試みや、バイオ燃料になりうる植物を探す試みなど、様々なプロジェクトが立ち上がっています。[*26]

少し傾向は違うのですが、人文科学系だと、歴史学などにおいてやはり参加型研究が盛んです。特に、情報人文学、あるいはデジタル・ヒューマニティーズと呼ばれる領域では、歴史的文献をデジタル化して全世界に公開し、それを世界中の人々が解読したり、注釈を行ったり、あるいはビッグ・データとして統計的分析の対象としたりするためのプラットフォームがいくつも立ち上がっています。

たとえば最近だと、京都大学古地震研究会が立ち上げた「みんなで翻刻」プロジェクトでは、過去の災害を記録した膨大な歴史史料をデジタル化し、その文字を読み取って活字にして、データとして利用しやすくする作業を行っています。同プロジェクトのサイトには古文書の解読に必要なくずし字を学ぶためのアプリへのリンクも張られています。[27]

このように様々な分野で、壮大な挑戦のため、世界中の市民と研究者が協働しています。ただ、素晴らしい試みの陰には、常に課題も生じることを忘れてはならないでしょう。参加する人々が多様化し、規模が大きくなる場合について、私たちはようやく知見を積み重ね始めたばかりです。特に、情報技術や、先進国の豊富な資金源でもってその可能性が極限まで引き上げられている場合や、市場を通じた価値づけがなされる可能性のある研究の場合は、それが参加者一人一人にとって何を意味するのか、常に考え続ける必要があると思います。

まだこれからの試みですから断言はできませんが、社会科学系の「アクションリサーチ」と自然科学系の「シチズン・サイエンス」に関する文献からは、いくつかの課題も浮かび上がってきます。それは主に、人間に関するものと、データの扱いによるものに大別できるようです。「アクション・リサーチ」では、地域の生活に関わるテーマも多い関係上、「個々の参加者と人間として向き合う」ことが必要となります。特に、地域住民が「生活を乱された」「研究の道具にされた」という気持ちにならないようなアプローチは重要な関心事です。

「シチズン・サイエンス」では「集まってきたデータと向き合う」ことが基本となりやすく、データ処理に関する課題が検討されているようです。たとえば、「質の違いが大きいデータをどのように気をつけて分析するべきか」「参加者によりデータ収集への貢献度が大きく違うことが多いが、報酬をどのように設定するべきか」などの議論がみられました。[*28] ただ、課題の性質上、「市民に科学への親しみを持ってもらえる」「科学に関心のある市民に、研究者と一般社会の橋渡しをしてもらえる」という明るい論調が前面に出ていました。[*29]

問題が起きないのなら、それに越したことはありません。ただ、こんな話をするのは、世界中の人々が研究のため、データ収集に関わるような状況が仮に生じると仮定した場合、ある過去の議論を思い出すからです。

一九六〇年代のことです。デレク・プライスは、二〇世紀における自然科学研究者の人口と研究論文数の指数関数的増加に着目しました。そして、職人の工房のような「リトル・サイエンス」から、大型装置を備えた工場のような研究室でチーム作業の行われる「ビッグ・サイエンス」に移行したと認識しました。プライスが鋭いのは、そこに科学の普及と民主化よりは、徹底した分業と、階層化の進展を見出したことです。実際のところ、出現したのは、各分野で、少数の科学者が非公式のエリートグループを作り、情報の流通を密に行いながら、階層秩序の頂点に立って全体のトレンドに影響を与えていくという構造でした。[30] そして、多くの研究者にとっては、巨大装置を用いて毎日大量のデータをモニタリングし、そこからひたすら情報処理を繰り返すのが仕事になっていきました。

科学の対象が複雑化し、膨大な情報処理が必要となる時代においては、学際的な研究の営みへとこれまで以上に多くの人が引き込まれていくのでしょう。そして、人文社会でも、理工医でも、研究の内容が、膨大な作業の分業のような性質のものであるとき、個人は巨大な構造の一部となります。爆発的に増え続ける情報と、それを扱える技術の出現。巨大化する協働のコミュニティを前に、一人の人間が持つ知性が一体どんな意味を持ちうるのか。そうしたことも考えなければいけない時代となっている気がします。

＊1　『学校基本調査』各年度の「関係学科別学生数」など。

＊2　臼田泰如、佐野泰之、瑞慶覧長空、寺山慧、須田智晴、荻原広道、渡邉浩一編『学際系学部の教養教育　報告書』京都大学大学院人間・環境学研究科学際教育研究部、二〇一七年。

＊3　的場いずみ「米国のリベラル・アーツ・カレッジの変容」『世界の高等教育の改革と教養教育――フンボルトの悪夢』青木利夫・平手友彦編、二〇一六年、丸善出版、第八章。

＊4　日本学術振興会の平成二九年度「別表2　系・分野・分科・細目表」より。

＊5　科学技術・学術審議会総会（第四回）資料一－三「科学研究費補助金『系・部・文科・細目表』の改正について」平成一三年九月二一日。

＊6　Laurent Dubreuil, « Défauts de savoirs », *Labyrinthe*, 27 | 2007, 13-26 ; Kenton Worcester, *Social Science Research Council, 1923-1998*, New York, 2001, URL: https://s3.amazonaws.com/ssrc-cdn1/crmuploads/new_publication_3/%7B1F20C6E1-565F-DE11-BD80-001CC477EC70%7D.pdf

＊7　京都大学学際融合教育研究推進センター『異分野融合、実践と思想のあいだ。』京都大学学際融合教育研究推進センター、二〇一五年。

＊8　Michael Gibbons, et al., *The New Production of Knowledge: The Dynamics of Science and Research in Contemporary Societies*, London, Thousand Oaks, New Deli, Sage, 1994.

＊9　横山輝雄「脳科学と社会――脳科学の現状と未来」『脳科学と哲学の出会い　脳・生命・心』中山剛史・坂上雅道編著、玉川大学出版部、二〇〇八年、第八章。

＊10　隠岐さや香「つくられた「科学史の一体性」――G．サートンと20世紀初頭フランスの知的文脈」『科学史研究』第五三巻、二〇一四年七月号、一三九－一四八頁。

＊11　野家啓一「『実証主義』の興亡――科学哲学の視点から――」『理論と方法』第一六巻（二〇〇一）一号、三－一七頁。

＊12　Frodeman et al. ed., *The Oxford Handbook of Interdisciplinarity*, ch.4-5.

＊13　ジェローム・ラベッツ『ラベッツ博士の科学論　科学神話の終焉とポスト・ノーマル・サイエンス』御代川貴久夫訳、こぶし書

房、二〇一〇年、第五章。野村康『社会科学の考え方　認識論、リサーチ・デザイン、手法』名古屋大学出版会、二〇一七年、第一章。Thierry Martin ed., *Les sciences humaines sont-elles des sciences ?*, Paris, Vuibert, 2011, ch. 1-3.

＊14 E. O. Wilson, *Sociobiology: The New Synthesis*, 1975 (25th Anniversary Edition, 2000), 547.［邦訳、一〇七一頁］

＊15 近年、男性同性愛については当事者の兄弟の数に何らかの要因があるとする説や、エピジェネティックス（DNAの配列変化によらない遺伝子発現制御・伝達のあり方）に説明を求める研究などがあります。特に後者は環境要因の影響と部分的な遺伝性を説明する仮説と見なされています。女性の同性愛についてはまだあまりよくわかっていません。Sergey Gavrilets, Urban Friberg, William R. Rice, "Understanding Homosexuality: Moving on from Patterns to Mechanisms", *Archives of Sexual Behavior*, 2018, 47, 27-31.

＊16 森田理仁「ヒトの行動に関する進化生物学的研究と社会の関係：社会生物学論争を踏まえて」『日本生態学会誌』六六号（二〇一六）、五四九－五六〇頁。

＊17 Martin ed., *Les sciences humaines sont-elles des sciences ?*, ch. 2.

＊18 藤垣裕子編『科学技術社会論の技法』東京大学出版会、二〇〇五年、第一章、八章。

＊19 藤垣裕子・廣野喜幸編『科学コミュニケーション論』東京大学出版会、二〇〇八年、六〇頁註四一。

＊20 ラセット『女性を捏造した男たち』第一章。

＊21 Sándor Soós, et al., "Long-term trends in the multidisciplinarity of some typical natural and social sciences, and its implications on the SSH versus STM distinction", *Scientometrics*, 2018, 114, 795-822. https://doi.org/10.1007/s11192-017-2589-2

＊22 科学技術振興機構研究開発センター『平成27年度検討報告書「自然科学と人文・社会科学の連携に関する検討―対話の場の形成と科学技術イノベーションの実現に向けて―」』二〇一六年七月、一－八頁。

＊23 『異分野融合、実践と思想のあいだ。』五九－六一頁。

＊24 https://survey2015.symposium-hp.jp/

＊25 武田丈「コミュニティを基盤とした参加型リサーチ（CBPR）の展望：コミュニティと協働する研究方法論」『人間福祉学研

究』第八巻第一号、二〇一五年一二月、九－二五頁。

＊26 林和弘「オープンな情報流通が促進するシチズンサイエンス（市民科学）の可能性」『科学技術動向』二〇一五年五・六月号、二一－二四頁。

＊27 https://honkoku.org/

＊28 C. Capineri, M. Haklay, H. Huang, V. Antoniou, J. Kettunen, F. Ostermann and R. Purves, 2016, *European Handbook of Crowdsourced Geographic Information*. London: Ubiquity Press. DOI: http://dx.doi. org/10.5334/bax. License: CC-BY 4.0

＊29 たとえば米国の議論の動向を報告した次の論考。白川展之、矢野幸子「ポストトゥルース時代の科学コミュニケーションとオープンサイエンス：AAAS総会におけるサイエンスコミュニケーションに関する議論から」『研究イノベーション学会年次学術大会講演要旨集』三二、二四三－二四六頁。

＊30 デレク・プライス『リトル・サイエンス　ビッグ・サイエンス』島尾永康訳、創元社、一九七〇年、第三章。瀬戸口明久氏の発表「ビッグ・サイエンスと環境のテクノロジー」（フーコー研究会、京都大学、二〇一八年一月二七日）による読解にも示唆を得た。科学研究の巨大化指標の一つとして論文の著者数がある。たとえば生命科学分野だと、一九二〇年代までは単著がほとんどだったが、一九六〇年代には二名、二〇一〇年代には五名以上の共著が平均となっている。最大クラスだと、物理学分野で三千人台の論文がある。人社系は単著が多いが、近年共著も増加傾向にある。

「文系」と「理系」という枠組みは、未来永劫存在するわけではないはずです。それは、一九世紀以降、「自然科学」と「それ以外のもの」を分類するために用いられた様々な考え方の一つでしかありません。一八世紀フランスの『百科全書』における学問分類が過去のものとなったように、文系・理系の分類が使われなくなる日もいつか来るはずです。

ただし、その変化がいつ頃、どんな風に起きるのかはまだわかりません。また、仮に起きたとしても、それで全ての学問が一つになるというものではなく、分類の名前が変わるだけ、あるいは更なる細分化が促進されることになるのではないかと、私自身は感じています。

本書の内容を振り返るに、今現在でも、人社系と理工医系、あるいは文系と理系というカテゴリー分けが残っているのには、それなりの事情があります。

まず、諸学問の中には、「人間」をバイアスの源と捉える傾向と、「人間」を価値の源泉と捉える傾向とが併存しています。前者の視点は、自然科学の営みにおいて特に成熟しました。後者は、主に人文社会科学に深く関わっています。この両者は、その成り立ちから言って、容易に統合できるものではありません（第一章）。

国家による経済発展への貢献を見込んだ投資も、学問領域間の溝を深めました。近代化が急務であった日本は、一九世紀末の段階から、法学と工学の専門人材育成に資源を集中配分する政策を推進したので、分野ごとの断絶が起こりやすい構造が温存されました（第二章）。

欧米でも二〇世紀後半以降は、理工系と一部の社会科学（特に法や経済）が政策的観点から重視されるようになり、それ以外の諸領域（主に人文科学）との間に溝が生まれました（第三章）。

また、「自然科学」と「それ以外のもの」という区分は、文化の中に深く根付き、時には差別にも利用されてきました。女性や、特定の文化的背景を持つマイノリティ（アフリカ系アメリカ人など）が、「あなたは理工系に向いていない」という暗黙のメッセージを社会から受け取り続けてきたのです（第四章）。このように、人びとの自意識にすり込まれてしまった考えが消え去るまでには、まだしばらく時間がかかるでしょう。

これらのことに加えて、学問自体の内容が爆発的に増大している状況があります。人間の能力には限界がありますから、学ぶ場合は何らかの選択をしなければなりません。文理横断的なカリキュラムを掲げる大学は増えていますが、情報学や環境学など、初めから学際的な分野を専門としたり、主専攻と副専攻を選べたりする場合を除けば、試行錯誤が続いているのが現状です。

実は、この本を書きはじめたとき、私は楽観していました。文系と理系という「二つの文化」は、だんだん近づいて一つになる、というシナリオを心のどこかで想定していたのです。

しかし、執筆の過程で見えてきたのは、むしろ、諸学の統一への夢は常にあったのに、それとは違う方向に歴史が進んできたという事実でした。諸学問は、一つになることへの願望と現実における分裂・細分化という、二つの極を揺れ動きながら、実際の所、どんどん多様化し、複雑になっていったのです。

ガリレオはバラバラに記述されていた自然像を統一しようとして「新科学」を唱えました。しかし、ガリレオの後継者たちが、数学で統一された自然科学を確立したあと、数学を用いない「その他」の諸学のアイデンティティ形成が始まりました。シェリングも哲学を軸とする諸学の統一を謳いました。でも、その後の近代の大学では、学問の専門分化が進んだのです。

近年では、分野横断的な「学際」（あるいは総合）系分野の数が増えています。また、めざましい情報技術の発展により、人社系と理工医系の垣根を越えた新しい分野が生まれることへの期待もあります。

しかし、そうした動向が、直接に従来の「人社」や「理工医」諸分野の消滅を促すわけでもありません。むしろ、純粋に新しい要素を付け足していく結果となる可能性は高いでしょう。大学で教育を受け、研究する人口が増大し続けていることを念頭に置くと、そう考える方がむしろ自然です。欧米諸国および日本における大学進学率は、戦前は人口の数%を占めるだけでしたが、二〇一〇年代には五〜八割にはねあがっているのですから。

複雑になること、多様になることは、混乱や無秩序だけを意味するわけではありません。むしろ、新しい視点を持つ人びとやその問題関心を学問の世界に呼び込み、豊かにしていく側面があります。

事実これまでも、社会の変化や技術の発展により、数世紀にわたって、新しい種類の人びとが研究の世界に参画し続けてきました。古い話をすれば、教会の外に広がった自然科学諸分野も、新興産業家や労働者層を巻き込んだ社会科学諸分野も、そのたぐいです。

比較的新しい例をあげれば、ジェンダー研究や障害学のような「学際」系分野の発展は、女性や障害者の高等教育への権利が阻まれていた一〇〇年前には想定できませんでした。それが今存在し、法律や経済の仕組み、そして科学・技術諸分野への働きかけをも通じて、私たちの社会を変えつつあります。

一般に、異なる視点を持つ者同士で話し合うと、居心地が悪いけれど、均質な人びと同士の対話よりも、正確な推論や、斬新なアイデアを生む確率が高まると言われます[*1]。そう考えると、文系・理系のような「二つの文化」があること自体が問題なのではなく、両者の対話の乏しさこそが問われるべきなのでしょう。あるいは、論争があったとしても、相手に対する侮蔑や反発の感情が先に立って、カントがその昔目指したような（第一章）、実のある討論ができなかったことに悲劇があるのではないでしょうか。このことは、たとえこの先「文」・「理」という分類が消え、別のものに変わったとしても、変わらないはずです。違いが活かせてこそ、補い合うことができる。集合知が発揮できる、そう思うことから、一歩が踏み出せるような気がしています。

この本を書くことは、私にとって、長い旅のようでした。書物の海の中で、何度も遭難しそうになりました。自然科学史、社会科学史、大学の歴史、思想史、文学史、各国史…数限りない文献はあるけれど、同じ道を行った先人は見つからなかったからです。

それでも何とか続けて来れたのは、私自身が、遙か昔、高校生の時、受験のため文系と理系を選択することに戸惑いを感じた思い出があったからでしょう。自分の人生が、いとも簡単に、一八才の決断で変わってしまう。そういう仕組みが世の中にあることを知りました。なぜそうなったのかを知りたいと思っていた。だから、今、この本を世に出すことができてとても嬉しく思っています。

本書は、「文系と理系がなぜ分かれたのか」という問いに対して、ある視点を提示するものですが、その歴史全体を扱う試みとしては、ほんのスタート地点にしか立っていません。不完全ながらも、いや、むしろそれゆえに、本書が足がかりとなり、次の歴史的探求につながることを願っています。

本書の執筆にあたり、多くの方々に助けて頂きました。特に、次の方々には直接に貴重な助言を頂きました（アイウエオ順、所属は当時）。井波陵一さん（京都大学）、薩摩真介さん（広島大学）、中村征樹さん（大阪大学）、夏目賢一さん（金沢大学）、平田佐智子さん（若手アカデミー）、Sebastian Breu さん（東京大学）、Carolin Funck さん（広島大学）、宮野公樹さん（京都大学）。改めて心より、お礼申し上げます。なお、本文中に間違いなどあれば、それは全て筆者一人の責任です。

また、本書執筆にあたり、分野横断的に研究者が集う、広島大学総合科学部の元同僚の皆さん、ならびに日本学術会議若手アカデミーの皆さんとの対話は重要でした。名古屋大学経済学部の同僚の皆さんからは、経済学に対する有益な示唆を頂きました。それに加えて、塾講師、家庭の主婦（夫）、エンジニア、スタイリスト、公務員、起業家など、様々な立場、職業の方々に貴重なインスピレーションを頂きました。とても感謝しています。

担当編集者の石川詩悠さんには、「文系／理系で本を書きませんか」というそもそもの企画を頂いたことに、改めて感謝しています。この提案がなければ、本書は実現しませんでした。忍耐強く原稿を待って頂いたこと、大変な校正その他作業の全般において大変お世話になりました。また、最終段階で、苦しい局面をご調整頂いた太田克史さん、どうもありがとうございました。

最後に、本書を書く間、励ましてくれた親しい人びとと、家族に改めて感謝したいと思います。そして、ここまで読んで下さった読者の皆さんに、心からお礼を申し上げます。

＊1　ダイバーシティと意思決定問題については様々な研究があります。人種の異なるグループと均質なグループそれぞれの陪審員判断については次。Samuel R. Sommers, 'On Racial Diversity and Group Decision Making: Identifying Multiple Effects of Racial Composition on Jury deliberations', *Journal of Personality and Social Psychology*, 2006, Vol. 90, No. 4, 597-612. 研究開発プロジェクトに関わる分野の多様性とブレークスルーの関係については次。Lee Fleming, 'Perfecting Cross-Pollination', *Harvard Business Review*, Vol. 82, Issue 9, Sep. 2004, 1-2.